安徽省高校优秀青年人才支持计划项目
安徽省高校人文社会科学重点项目

U0656879

存款保险制度的风险管理

基于保险人的视角

胡增芳　著

Risk Management of Deposit Insurance System
From the Insurers' Perspective

东北财经大学出版社　大连
Dongbei University of Finance & Economics Press

图书在版编目（CIP）数据

存款保险制度的风险管理：基于保险人的视角 / 胡增芳著．—大连：东北财经
大学出版社，2024.5
（墨香财经学术文库）
ISBN 978-7-5654-5215-4

Ⅰ.存… Ⅱ.胡… Ⅲ.存款保险制度－风险管理－研究 Ⅳ.F840.69

中国国家版本馆CIP数据核字（2024）第070091号

东北财经大学出版社出版发行

　　大连市黑石礁尖山街217号　邮政编码　116025
　　网　　　址：http://www.dufep.cn
　　读者信箱：dufep@dufe.edu.cn
大连永盛印业有限公司印刷

幅面尺寸：170mm×240mm　字数：127千字　印张：10.5　插页：1
2024年5月第1版　　　　　　2024年5月第1次印刷
责任编辑：李丽娟　石建华　　责任校对：刘贤恩
封面设计：原　皓　　　　　　版式设计：原　皓
定价：59.00元

教学支持　售后服务　联系电话：（0411）84710309
版权所有　侵权必究　举报电话：（0411）84710523
如有印装质量问题，请联系营销部：（0411）84710711

前言

　　存款保险制度对于保护存款人的利益和维护国家金融秩序的稳定具有重要作用。良好的存款保险制度可以保护存款人的利益，防止银行的"挤兑传染"，提高银行体系的公信力，使不同规模的银行获得同等的公众信心，有利于金融机构的公平竞争。同时，存款保险制度也有助于构建有效的市场退出机制，明确各方在问题机构处置中的责任，减轻政府负担，使金融安全网的功能得到充分发挥。但是，存款保险制度的运行也蕴含着可能发生的道德风险、银行经营风险、保费缴纳风险和国际金融市场风险。

　　党的二十大报告指出："加强和完善现代金融监管，强化金融稳定保障体系，依法将各类金融活动全部纳入监管，守住不发生系统性风险底线。"必须按照党中央决策部署，深化金融体制改革，推进金融安全网建设，持续强化金融风险防控能力，建设稳健高效的风险处置体系。运用好存款保险基金，可以有效防止挤提、退保事件的发生，避免因单体风险而引发系统性、区域性风险。同时，在强化金融稳定保障机制的条件下，建立完善的金融风险处置体系，区分常规风险、突发风险和重大风险，合理运用各项处置措施和工具。在面临风险事故时，不能把存款保险基金及行业保障基金视为"发款箱"；进行损失的吸收和分担时，需要对"保险人"进行风险分析，并形成更为完善和清晰的法律规定。

本书所指的"保险人"即存款保险制度的保险人，是显性存款保险制度下的存款保险机构，或隐性存款保险制度下的政府。由于这种制度本身的风险所造成的损失也反映到保险人身上，所以保险人也会面临风险，同时存在引发系统性风险的可能。

对于存款保险制度方面的研究已经不少，本书研究这个议题的意义在于以下两点：

第一，从国际经验看，研究存款保险制度的风险防范对于我国建立该制度有一定的借鉴意义。存款保险制度在世界范围内呈加速发展的趋势，有其客观必然性。这主要是由金融体系存在的一些问题所决定的，如：银行体系存短贷长的特点决定了银行体系具有天生的脆弱性；金融市场存在着内生的不稳定性；银行体系"先到者，先服务"的程序特性决定了银行存在着一旦出现挤提就具有传染性的特征；银行的系统性危机会对实体经济产生破坏性，一旦银行出现系统性危机，整个支付体系就会陷入瘫痪，就会导致信用规模的急剧收缩，这会对整个实体经济产生破坏性影响，使得实际产出大幅度下降。由于上述原因，必须建立金融安全网，特别是建立存款保险制度，在个别经营不善的银行出现危机的时候，存款保险制度能够保护大多数中小存款人的利益不受损害，切断"挤兑传染"的链条，防止出现系统性危机。

第二，在现今的诸多研究中，大多是对存款保险制度建立的必要性和建立时法律制度设计方面的研究，而对于该制度建立以后又会带来什么问题却研究颇少。存款保险制度建立以后，虽然会使银行的持续运行、存款人的利益都有了保障，但对保险人（即最后担保人）面临的风险却未曾考虑。本书正是基于此思考，在借鉴国外存款保险制度的建立和风险分析的做法的基础上，进一步探讨保险人应如何面对和防范这些风险，以期对我国存款保险制度的运行及完善具有一定的现实意义。

本书在写作过程中，借鉴了国外许多存款保险制度的良好做法，也分析了历史上对全球经济有重要影响的几次金融危机，并从政府和存款保险机构的角度来看待存在的风险。本书具有以下创新：

第一，本书在众多存款保险制度建立和运行的研究成果的基础上，从保险人的角度去看待存款保险制度的建立，并分析存款保险制度运行过程中保险人面临的风险，因为这些风险直接决定了存款保险制度的可持续性，我国也不例外。

第二，在我国推出存款保险制度后，对一些关键性问题进行了明确，并就解决对策或设立方案提出了看法。特别是在保险人面临的风险的防范方面，从保险人角度来看，存款保险制度实施的方式不同，所面临的风险也不同，这种风险的存在要求存款保险机构在建立和运行过程中解决一系列的问题，如基于风险的费率制度、存款保险机构与损失最小化等。

第三，我国存款保险制度建立以来，理论界对该领域的研究较少。本书对存款保险具有较为深入的理解和分析，对存款保险制度运行中保险人的风险管理方法提出了新的见解，具有一定的现实性和前瞻性。

本书期待针对以下问题给予初步解答：一是通过对存款保险制度本身特点和国际上良好做法的分析，找出存款保险制度本身所面临的风险种类；二是初步分析存款保险制度本身风险存在的原因；三是通过国际社会已发生的几次金融危机，找寻其他国家对存款保险制度的作用效果的验证及管理存款保险制度本身风险的方法；四是以现有经验和案例，提出我国存款保险制度运行中的风险防范措施。

2023年召开的中央经济工作会议提出，要持续有效防范化解重点领域风险。虽然我国存款保障水平保持高位，存款保险可为99%以上的存款人提供全额保障，但仍需进一步完善金融风险监测、评估与防控体系，对新增高风险金融机构建立具有硬约束的早期纠正制度，实现风险"早识别、早预警、早暴露、早处置"。同时，健全权责一致、激励约束相容的风险处置责任机制，发挥好存款保险专业化、常态化风险处置职能，提前预判存款保险制度保险人所面临的各种风险，可以牢牢守住不发生系统性风险的底线。

本书的研究既建立在以往相关学者的研究基础上，也是作者的一次努力的尝试，欢迎同仁们批评指正！本书的出版得到安徽省高校优秀青年人才支持计划项目（项目编号：gxyq2018234）和安徽省高校人文社会科学重点项目（项目编号：SK2020A0826）的资助，在此深表谢意。

作　者

2024年1月

目　录

1

存款保险制度的建立及运行关键要素

存款保险制度、中央银行的最后贷款人功能，以及金融监管当局的审慎监管，被公认为是一个国家金融安全网的三大支柱。2015年以前，我国一直实行隐性存款保险制度，随着我国社会经济的快速发展和金融改革的逐步深化，这种隐性的存款保险制度出现了许多弊端。2014年10月29日国务院第67次常务会议通过了《存款保险条例》，自2015年5月1日起施行。但推出后的效果如何，对于实行各方影响有多大，未来是否存在改进的地方，尤其是2020年12月银保监会同意包商银行进入破产程序之后，我国的存款保险制度是否起到了应有的作用，是否还存在运行的风险，这些都需要一些观察和研究。

另外，借鉴国际经验，对于完善我国的存款保险制度，具有十分重要的现实意义。

早在2007年，时任中国人民银行行长周小川在会见美国联邦存款保险公司（FDIC）主席希拉·拜尔女士时就提出，存款保险制度是中国政府和中国金融界研究多年的议题。我国的经济形势决定了推行存款保险制度是有必要的。目前，我国在疫情后宏观经济逐步恢复运行，金融业进一步对外开放，监管水平不断提高，存款保险制度的推行成本较低；但存款保险制度中的保险人——最终担保机构的经营风险、道德风险却伴之而来。存款保险制度为保险人带来的各种风险仍是讨论的重要课题。

1.1 世界各国存款保险制度的产生及实践

1.1.1 美国存款保险制度的建立、研究及实践

1933年，存款保险制度首先在美国建立，迄今为止已有90多年的历史。其建立的背景是20世纪30年代的经济大萧条，当时美国大批企业破产倒闭，失业率迅速增加，人们极度恐慌，争相到商业银行去提现，"挤兑"现象频繁发生，整个金融体系出现了流动性危机。在美国此次经济危机期间，超过9 000家银行破产倒闭①，整个金融系统陷入瘫痪，社会动荡不安。为了控制银行危机，重拾人们对银行体系的信心，美国政府采取了一系列措施，将许多金融机构收归国有，并于1934年创立了联邦存款保险公司（Federal Deposit Insurance Corporation，FDIC），目的是为个人储户存款提供保障，提振信心。美国FDIC的建立起到了预期的效果，它使得人们的恐慌情绪慢慢平复，美国银行倒闭的数量急剧减少，在接下来的50年中，所有受保存款都得到了FDIC的赔付，倒闭银行数量大幅减少，公众对金融系统的信心大幅增强，这也得益于这一时期美国经济的稳步发展。

很明显，金融的稳定与实体经济的发展紧密相关。到了20世纪80年代，美国经济陷入衰退，各家商业银行的盈利状况不够理想，银行经营存在巨大压力，在接下来的十几年里又有近3 000家金融机构申请破产，FDIC的赔付压力急剧增大。为此，美国国会进行了一系列改革，包括1989年颁布《金融机构改革、复兴和强化法》，建立新的存款保险基金；1991年颁布《联邦存款保险公司改进法案》

---

① 马莉.中国存款保险制度运作模式与定价机制［M］.广州：中山大学出版社，2016.

（FDICIA），实行风险调整的费率体系；1993年颁布《综合预算协调法》，明确了受保存款机构倒闭时的清算方法和顺序；1996年颁布《存款保险基金法》，要求对储蓄协会保险的所有存款征收特别保费，以保证基金充实。这些措施使得美国快速积累了充实的存款保险基金来应对风险，也明确了FDIC对问题金融机构处理、关闭的程序和方法，从而成为世界上第一个实行风险调整型费率体系的国家。

经过银行倒闭危机和大刀阔斧的改革，美国存款保险制度日益完善，掌握了更多处理问题银行的方法，但FDIC仍然面临一些挑战和需要改革的地方，包括存款保险机构和金融监管机构在信息共享、处理问题银行等方面的协调；对参保银行风险状况的及时掌握和及早干预；基金积累规模和风险费率的合理化等。

在这期间，许多经济学家都结合美国的情况论证了存款保险制度建立的必要性。1963年弗里德曼和施瓦茨在《美国货币史》中总结道："银行存款的联邦保险，是针对1933年恐慌结果最重要的银行体系的结构性变化，这种变化是南北战争后各州银行券绝迹以来最有助于货币稳定的事情。"1983年，Diamond 和 Dybvig（1983）提出了经典的银行挤兑模型，指出信息不对称是银行挤兑的根源，而存款保险则是解决银行面临"自我实现"的存款人挤兑威胁的最优政策，首次为建立存款保险制度提供了确切的理论依据。此后，Gibbons（1992）对 Diamond-Dybvig 模型进行了简化，运用信息完全但不完美情况下的动态博弈分析，证明银行挤兑类似囚徒困境，完全有可能作为纯粹纳什均衡的情况出现。然而，无论是 Diamond-Dybvig 模型还是 Gibbons 的解释，都只是将存款保险制度作为改变人们预期和决策的一种方式，并以此避免银行发生挤兑，促进金融系统的稳定。

美国的存款保险制度是目前世界上时间最长、经验最丰富、体系最完善的存款保险制度，美国 FDIC 的实践经验对许多国家建立存款保险制度有较大的借鉴意义，包括：在保护中小储户存款和银行危机方面，FDIC可以稳定公众对银行的信心，保护中小储户存款免受损失；FDIC可以根据银行经营情况采取及早干预、财务援助、倒闭清算、存款赔付等处理措施，这些措施的综合运用也是卓有成效的；多数时候FDIC在面临银行系统性危机时，显得力不从心，只有适应市场环境、设计合理的存款保险制度才能发挥应有的作用；在基金宽裕度及机构配合方面，必须有充足的存款保险基金，方能起到初始作用，FDIC与金融监管机构的协调和权责划分也要清楚，否则会制约FDIC发挥作用的效果。

综上来看，存款保险制度的作用毋庸置疑，但存款保险制度在应对系统性危机时显得力不从心，需要有其他机构和方法的配合。我国虽然已建立了存款保险制度，但一定要有清楚的目标定位，结合我国国情和金融状况的合理运作模式是存款保险制度成功的关键。同时，金融安全网的三大支柱体系的协调和权责划分也影响着存款保险制度的运作效率。

1.1.2 其他国家存款保险制度的建立、研究及实践

自20世纪60年代开始，印度、挪威、菲律宾、德国、加拿大和芬兰等国家也建立了存款保险制度，运行机制几乎与美国相同，但作用各不相同。到了20世纪90年代，美国开始实行风险费率体系，这种改革为许多国家建立存款保险制度提供了参考，相继又有38个国家开始实施存款保险制度。2002年，国际存款保险机构协会（International Association of Deposit Insurers，IADI）成立，其致力于分享各国存款保险制度的经验，促进国际合作，提供指导和帮助。

2011年，IADI对国际上存款保险制度的运作情况进行了全面评估和归纳总结，指出当时存款保险机构主要有三种职能模式：一是

"付款箱"模式。存款保险机构仅在银行倒闭后负责赔付存款人，典型的如英国（2008年国际金融危机前）、澳大利亚。二是"损失最小化"模式。存款保险机构还拥有风险监测和处置功能，如日本、加拿大和俄罗斯等。三是"风险最小化"模式。存款保险机构具有早期纠正等监管功能，可对投保机构采取预防和约束措施，积极防范和化解风险，维护存款保险基金的安全，并在一定程度上实现监管补位，如美国等。

2008年，IADI根据各国经验和教训，提出了一套存款保险制度的指导规范；2009年3月又与巴塞尔委员会联合公布了《有效存款保险制度核心原则》。在IADI的帮助下，一些国家（包括原来实行隐性存款保险制度的国家）也积极改革，纷纷建立存款保险制度。截止到2022年年底，世界上已至少有146个国家和地区建立了存款保险制度，其已成为各国普遍实施的基础性金融制度，是各国金融安全网的重要组成部分。

在理论界的研究中，Martin（2001）证明，存款保险的政策安排在抵御银行挤兑风险时，确实引发了道德风险问题。并且提出，从纯粹的理论出发，存款保险制度本身是否能够实现促进金融系统稳定的目标并没有明确结论，至少还需要其他的条件，如有效的金融监管等。Asli Demirguc-Kunt 和 Enrica Detragiache（2000）在这方面进行了开创性的研究。他们以1980—1997年间61个国家的情况作为样本进行实证研究，其结果出乎人们意料：正式的存款保险制度严重危害了银行系统的稳定，尤其是在刚刚取消利率管制和制度环境欠佳的国家和地区更是如此；保险的额度越大、担保对象范围越广，存款保险对银行稳定的负面作用就越明显；而可靠的基本制度保障（如健全的法律体系、标准的会计制度和完善的信息披露制度等）和有效的金融监管可以抵消存款保险对市场纪律的侵蚀。

从世界各国存款保险制度的实践和IADI的指导经验来看，存款保险制度在稳定银行体系、保护小额存款方面的作用得到了世界公认；金融风险管理技术的快速发展，尤其是新一代信息技术、人工智能、大数据的发展，使得风险调整型存款保险费率成为大势所趋，显性存款保险制度也已经成为各国的主流制度。随着世界各国金融监管部门监管水平的日益提高，存款保险部门在问题银行信用评估、早期风险预警和干预，以及倒闭事后处理等方面有一套完整的处理方法，但也会根据不同情况而做出相应对待。《有效存款保险制度核心原则》是一个规范性的指导，各国应根据本国国情和金融发展水平来设计，各国存款保险制度在具体细节设计、运行和管理上一定会存在不同。

1.2 我国存款保险制度研究及实施过程

1.2.1 我国存款保险制度的研究及建立

早在20世纪90年代初，我国国内理论界和实务界对存款保险制度就开始关注，当时理论界的研究主要集中在已经建立存款保险制度国家的经验方面，实务界更注重分析探讨我国是否应该建立存款保险制度。

随着我国金融体制改革的深化，建立具有中国特色的存款保险制度且使之不断完善，是我国金融体制和制度健全的重要方面。在经济状况和银行体系稳定的条件下，设计良好的存款保险制度可以保护存款人的利益，防止银行的"挤兑传染"，提高银行体系的公信力，使不同规模的银行获得同等的公众信心，有利于金融机构的公平竞争。此外，存款保险制度的建立有助于构建有效的市场退出机制，明确各方在问题机构处置中的责任，减轻政府负担，使金融安全网的功能得到充分发挥。

在国内，近些年许多学者对存款保险制度的风险问题有所研究。姜磊（2005）认为存款保险制度降低了由于信息不对称而出现银行挤兑的概率，增强了金融体系的稳定性，但是存款保险本身存在的道德风险又加剧了银行体系和存款保险制度的风险。朱中云（2005）以不对称信息的存款保险为研究背景，对存款保险公司、银行和存款人三方由于信息不对称而引发的系列问题作了系统分析，将信息经济学、机制设计的研究方法引入"信息匮乏"的存款保险决策问题中，设计了满足个体理性约束、激励相容约束和帕累托有效性的存款保险机制，以克服不对称信息下的逆向选择和道德风险问题。陈海龙（2006）应用博弈论和一些数学模型，采用定性与定量分析相结合的方法，深入分析了道德风险及逆向选择的产生根源，认为道德风险在银行体系中客观存在，是由银行存款融资方式和利益主体之间信息不对称所决定的，同时提出了一些有效的风险防范措施。

由此可见，无论是理论分析，还是实证检验都表明，存款保险制度本身在促进金融系统的稳定方面是存在缺陷的，各国应该根据实际情况，分析存款保险制度包含的各种风险，进一步完善适合本国经济发展需要的存款保险制度，以最大程度地保障金融市场的良好运行。

关于存款保险制度方面的研究已经不少，但是从保险人的视角去看我国存款保险制度的风险管理，其意义在于：

第一，从国际经验看，许多国家均已建立存款保险制度，我国也于2015年颁布了《存款保险条例》，研究存款保险制度的风险防范对我国进一步完善该制度有一定的借鉴意义。

存款保险制度在世界范围内呈加速发展的趋势，有其客观必然性。这主要是由金融体系存在的一些问题所决定的，如：银行体系天生具有脆弱性，其存短贷长的特点决定了银行体系的脆弱性；金融市场存在着内生的不稳定性；银行"先到者，先服务"的程序特性决定了一旦出现挤提就具有传染性；银行的系统性危机会对实体经济产生破坏性，一旦银行出现系统性危机，整个支付体系就会陷入瘫痪，就会导致信用规模的急剧收缩，信用的急剧收缩则会对整个实体经济产生破坏性影响，使得实际产出大幅度下降。由于上述原因的存在，需要建立金融安全网，特别是存款保险制度，以便在个别经营不善的银行出现危机的时候，能够保护中小存款人的利益不受损害，切断挤提传染的链条，防止出现系统性危机。

第二，虽然我国已经建立了存款保险制度，但运行过程中还是存在一些问题，部分方面在理论界已经达成共识，在许多细节方面还需要我们进一步研究和借鉴国外经验。所以，关于存款保险制度的未来风险方面的研究对于我国存款保险制度的完善具有一定的现实意义。

第三，在现今的诸多研究中，大多是对存款保险制度建立的必要性和建立时法律制度设计方面的研究，而对于该制度建立以后会带来什么问题的见解却颇少。存款保险制度建立以后，虽然对银行的持续运行、存款人的利益都有了保障，但对保险人（最后担保人）面临的风险却未曾考虑。本书正是基于此思考，在借鉴国外存款保险制度的风险分析基础上，进一步探讨保险人应如何面对和防范这些风险，以期对我国存款保险制度的完善具有一定的指导意义。

早在 2005 年，中国人民银行在大连举办的"存款保险国际论坛"中，就对金融安全网在防范金融系统性风险中的作用、存款保险制度建立的目标、存款保险基金的管理和费率的设计、存款保险基金的规模与运用、存款保险机构的治理等议题进行了深入探讨，重点交流各个国家和地区在存款保险制度建设中的经验，并结合中国的具体国情，为中国存款保险制度的设计提供咨询。

存款保险不以营利为目的，在一定意义上属于公共品范畴。由于公共品通常是市场失灵的重要领域，存款保险制度在一定程度上妨碍了市场机制作用的发挥。在这种情况下，道德风险便产生了。随着存款保险制度在西方国家的建立和运行，其中蕴含的道德风险也引起了一些经济学家的关注，他们在这方面进行了大量的理论和实证研究，并取得了一定的成果。

1.2.2 影响我国存款保险制度实施的因素

改革开放以来，尤其是东南亚金融危机以来，中国的金融环境发生了很大变化，金融改革取得了一定成效，金融主体越来越多元化，利率市场化已基本完成。中国存款保险制度自2015年建立以来，对国家经济稳定发展起到了一定作用。自2020年11月28日起，中国人民银行授权参加存款保险的金融机构全面启用存款保险标识，存款保险标识具有直观、醒目、公信力强的特点，有助于存款人更加方便地了解；参加存款保险的金融机构也要在营业网点的显著位置展示这个标识。在中小银行存款也和在大银行存款一样，受到存款保险制度的保障，不仅使储户更加安心，同时也大大地提高了中小银行的信用和竞争能力。但随着近几年疫情的影响及国际宏观形势的变化，许多中小银行尤其是村镇银行经营竞争压力过大，存在破产风险，给存款保险制度的实施带来了新的问题。

影响我国存款保险制度实施的几个关键影响因素如下：

1）银行类金融机构的数量和种类

中国在20世纪90年代开始进行金融体制改革，经过国有银行股份制改造、城市信用社改组成城市商业银行、农村金融机构改革、金融牌照放宽等一系列措施，金融机构主体更加多元化，金融机构数量不断增加。截至2023年二季度末，我国金融业机构总资产达449.21

万亿元，其中银行业机构总资产406.25万亿元，银行业占主体地位，资产占比超过九成。在全国近4 000家商业银行中，绝大部分银行处在安全边界内；高风险银行数量仅300余家，资产占全部银行的不到2%。资产占比70%左右的24家大型银行评级一直优良，部分银行主要经营指标居国际领先水平，发挥了我国金融体系"压舱石"的关键作用。金融机构监管指标处于合理区间，截至2023年二季度末，商业银行资本充足率、不良贷款率和拨备覆盖率分别为14.66%、1.62%和206.13%。①

银行主体的多元化及数量的增加丰富了我国的金融行业，促进了金融市场竞争，提高了效率。良性的市场经济就是要通过竞争进行优胜劣汰，这是未来中国各种类型的金融机构所必然要面对的。银行破产倒闭的情形会越来越常见，未来银行重组和退出将会是常态，只有这样，整个金融行业才能健康良性发展。但是，银行业的倒闭又关系着众多普通居民的存款，必须保障中小储户的资金安全，以便维护社会的稳定。特别是近10年来，如雨后春笋般涌现出来的中小农村金融机构、村镇银行，它们有自己的经营特色，但是也面临业务过于集中在某个地区或某个领域，导致风险过于集中的情况。所以，建立合理的退出机制，做好银行倒闭的防范和处理工作是当前面临的一个重大问题。通常，大型商业银行是我国银行业的支柱，也是建立存款保险制度需要特殊考虑和处理的主体；城市商业银行也存在一些风险较大需要改组或退出的情形，也是存款保险制度需要重点关注的对象；数量庞大的中小农村金融机构既是存款保险制度的重要组成部分也是重点监控对象。

2）高风险中小银行的处理

中小银行受到存款保险制度的保障，大大提高了其信用和竞争能

① 数据来源：金融界网站。

力。同时，存款保险制度通过明确的法律保障和及时偿付的政策，可以有效稳定存款的预期，提升市场和公众对银行体系的信心，有利于防止银行挤兑，从而为中小银行创造一个稳健经营的市场环境。但是，近几年来，一些中小金融机构频繁出现风险问题，处置工作较为烦琐，因此应该对不良资产的认定和处置特别关注。我国2022年银行业金融机构处置不良资产3.1万亿元，包括对"明天系"、海航集团等高风险企业集团的金融风险处置工作。[①]以上这些都是在存款保险制度运行过程中需要着重考虑的。

3）实体经济发展的保障

实体经济需要借助金融业来发展，金融业的发展影响实体经济的外部宏观经营环境，为实体经济的发展增加后劲。金融业发展无法独立于实体经济而存在，实体经济为金融业的发展提供了血液和可能；金融业发展的根基是实体经济，离开了实体经济，金融业就会成为无源之水、无本之木。所以金融业尤其是银行业的发展是需要实体经济保障的。

近几年，受到疫情的影响，我国实体经济遭受了重创，但进入2023年，国家坚定不移推进供给侧结构性改革，出台实施了稳经济的一揽子政策和措施，有力支持了宏观经济大盘稳定，经济总量迈上了新台阶，高质量发展取得新成效。其中，持续推进中小微企业金融服务能力提升工程，不断提升中小微企业金融服务的质量和效率。聚焦乡村振兴重点领域，抓紧抓好粮食和重要农产品生产金融服务，持续助力乡村振兴。促进金融与房地产良性循环，完善房地产金融宏观审慎管理，全力维护房地产市场稳健运行，做好金融支持保交楼工作。2023年，国家出台了金融支持房地产平稳健康发展16条措施，引导金融机构支持房地产企业合理融资需求，建立新发放首套房贷利

---

① 数据来源：中国人民银行发布的《中国金融稳定报告（2023）》。

率政策动态调整机制，推动个人住房贷款利率下行，更好满足刚性和改善性住房需求。在这些措施实施的过程中，我们也看到了有的中小银行还是存在经营不善、准备金不足等问题，最终走向破产。存款保险制度运行中对于此类情况应该给予关注。

4）全球金融风险带来的外部冲击

外部环境复杂严峻，地缘政治冲突持续，粮食和能源安全问题突出，世界经济和贸易增长动能减弱，全球通胀处于高位，发达经济体加息外溢效应显现，国际金融市场震荡加剧，这些现象都可能为存款保险制度的实施带来压力，进而将风险转嫁到保险人身上。随着经济全球化的不断深入，世界各国之间商品及资金往来越来越密切，经济影响也越来越大。往往一个国家的经济问题会迅速传导到那些与其有密切往来的国家，使得整个全球经济被绑定在一起。2008年美国金融危机、2020年开始的全球疫情，都说明了外部环境对金融风险的影响，进而影响到存款保险制度的实质运行。

1.2.3 我国存款保险制度的实施效果

2015年5月《存款保险条例》施行以来，我国存款保险制度运行平稳有序，防范挤兑、风险约束、早期纠正、市场化处置等功能逐步发挥作用，在金融安全网中的地位不断提升，切实增强了广大人民群众对银行体系的信心。截至2022年年末，全国共有3 998家投保机构，50万元的存款保险保障水平能为99.3%以上的存款人提供全额保障。得益于较高的保障水平，存款格局总体保持平稳，中小银行存款占比稳步提升。截至2022年年末，中小银行存款余额达128万亿元，比《存款保险条例》出台时增长了94%；中小银行存款占比稳步提升，市场份额占51%。①

---

① 数据来源：中国人民银行发布的《中国金融稳定报告（2023）》。

自 2016 年存款保险实施风险差别费率以来，中国人民银行不断研究完善风险识别、评估和预警指标体系，加大对重点机构的现场核查力度，做实非现场监测和现场核查，发挥风险差别费率的激励约束作用，切实提高费率水平与风险状况的匹配度。对于投保机构存款非理性定价、公司治理薄弱、内部人控制等问题，在费率水平上予以相应反映，通过奖优罚劣引导投保机构审慎经营。根据投保机构现场核查情况，2022 年上调了 200 多家投保机构的费率，当前差别费率较好地反映了各家投保机构的真实风险状况。同时，也做到了多方合力推动风险化解，使得早期纠正成效显现。

从存款保险基金额度来看，截至 2022 年年末，全国 3 998 家吸收存款的银行业金融机构按规定办理了投保手续，2022 年共归集保费 487.27 亿元，基金利息收入 9.88 亿元，资金支持到期转回 2.76 亿元。为推进金融风险化解，使用存款保险基金 368.56 亿元开展风险处置，使用 31.25 亿元收购金融机构股权，使用 300 亿元向地方风险处置提供专项借款，使用 211.32 亿元归还金融稳定再贷款。截至 2022 年年末，存款保险基金余额 549.4 亿元，有效地保障了我国金融体系稳定运行。[①]

1.3 存款保险制度运行的关键要素

存款保险制度在不同国家运行情况不同。各国政治经济环境不同，所选择的存款保险制度的内容各有不同，全世界没有存款保险制度的标准范本。但是，国际存款保险机构协会（IADI）和巴塞尔委员会从 1999 年开始，建立了一套国际通用的存款保险规范。它们分

---

① 数据来源：中国人民银行金融稳定局公布的"2022 年存款保险基金收支情况"。

别于 2001 年和 2009 年发布了两个规范——《存款保险指南》和《有效存款保险制度核心原则》，2013 年 IADI 又发布了《存款保险制度的早期识别和及时干预一般指引》。《存款保险指南》和《有效存款保险制度核心原则》是存款保险制度研究领域的纲领性文件，它们并不是提供一个单一的存款保险模式，而是一个存款保险制度的国际规范和指导原则，并且根据各个国家的经济情况，提供了可供选择的方法和设计，甚至包含了对发展中国家从隐性存款保险制度到显性存款保险制度过渡期的一些建议。一国存款保险制度从设计到运作，有些关键要素是必须明确且在运作过程中需要时刻关注的。

1.3.1 制度目标

任何一种制度的建立，首先要明确制度想要达成的目标，目标不同，赋予它的职能也不同。存款保险制度必然包含的目标是对小额存款者的存款进行保护和赔付，这也是存款保险制度的首要目标。存款保险制度为小额存款者提供保障的同时，避免了他们盲目提取存款保护自己的行为，从而有助于防止银行挤兑发生，维持金融体系的稳定性。可以说，没有一种制度比显性存款保险制度更有助于防范银行挤兑风险。正是存款保险制度的这些功能才使得很多建立存款保险制度的国家赋予了制度更多其他的目标。世界各国存款保险制度的目标主要有：保护小额存款者利益、提供银行信用保障、提升银行体系信心、促进金融行业公平竞争、维护支付体系有序、维护金融系统稳定、提供处理问题金融机构的机制等。每个国家在建立存款保险制度时，都要结合自己国家的国情，选择合适的制度目标。

我国的《存款保险条例》第一条就对制定条例的目的作了说明。中国存款保险制度的基本目标是"依法保护存款人的合法权益"，在此基础上"及时防范和化解金融风险，维护金融稳定"。虽然此条例

第一条对目标的定位有三点，但是从第七条存款保险基金管理机构的职能和第十七条存款保险基金管理机构的风险处置措施的规定来看，在存款保险制度的目标中并没有表现出其具有较大的权限，对于"防范和化解金融风险"，存款保险基金管理机构主要依靠"风险警示"和"提高费率"来实现，真正的问题银行的处置还是依赖现有的金融监管机构。所以中国存款保险制度的目标定位还是比较保守的，从对包商银行破产处理中就能看出一二。

1.3.2　组织形式

这里的组织形式，主要是指存款保险制度履职机构的组织形式，也是存款保险机构设置的方式和结构。一个国家的存款保险机构的性质较特殊，它不同于纯粹的行政机关，它负责向参保银行收取保险费，并运作这些基金使其保值增值，因此需要遵循市场规律；同时，它又担负着重要的公共职责，对维护金融稳定，防范和化解金融风险意义重大。存款保险机构应该由政府出资设立还是由银行同业联合设立，或由政府和银行业联合设立？存款保险机构在隶属关系上，是单独成立还是依附于央行或者其他监管机构？这些都是需要明确的关键要素。

从目前各国实践经验来看，存款保险机构无法脱离政府或者金融管理机构，所以更适合采取政府出资或者公私合办的形式。但是，不管采用何种方式，存款保险机构应该保持多大的独立性以及它和其他金融管理部门如何划分各自的职责，在《存款保险指南》中都有明确规定，如"存款保险机构的组织形式和治理结构必须事先明确"，"确定存款保险公司的职能是在现存的金融管理机构之间进行分配还是由另外单设独立的机构来承担"。因此，各国可以根据国际存款保险机构协会（IADI）提供的思路，提前制定一个类似"指南"或者"备忘录"的约定，事先明确双方各自的职责、合作的流程以及冲突的解决办法。

我国的《存款保险条例》第七条中规定"存款保险基金管理机构由国务院决定"，这表明了中国的存款保险管理机构是由政府出资的。事实上，私营形式的存款保险机构明显不适合我国的国情，我国没有像西方发达国家那样的银行业自律组织；以国有银行为首的银行体系也没有自发组建存款保险机构的需求；并且在建立存款保险制度的初期，费率的厘定、初始保障基金的积累等很多繁杂的问题都不是民间机构能够解决的。《存款保险条例》第十四条简单说明了存款保险基金管理机构要与中国人民银行、银行业监督管理机构建立"金融监督管理协调机制"和"信息共享机制"。通过"信息共享机制"，存款保险基金管理机构可以获取"有关投保机构的风险状况、检查报告和评级情况等监督管理信息"。

1.3.3 功能权限

存款保险机构的功能权限往往由赋予它的目标来决定。一般情况下，以保护小额存款者利益为单一目标的制度，往往在功能权限上也比较窄；而赋予制度的目标越大，那么它的功能权限就越广。国际存款保险机构协会（IADI）指出，存款保险机构主要有三种职能模式：一是"付款箱"模式，仅在银行倒闭后负责赔付存款人；二是"损失最小化"模式，存款保险机构还拥有风险监测和处置功能；三是"风险最小化"模式，存款保险机构进一步具有早期纠正等监管功能。

存款保险制度刚建立时，采用"付款箱"模式的国家较多，但各国存款保险制度改革的趋势是扩大存款保险机构的功能权限范围，因此从"付款箱"模式逐渐改革为"风险最小化"模式。但是"风险最小化"模式的存款保险制度也有其弊端，那就是存款保险机构与金融监管机构的权责划分和矛盾解决问题。"风险最小化"模式的存款保险制度往往赋予存款保险机构较大的功能权限，包括对问题机构的早期干预、处理等，这些功能权限有时会与现有金融监管部门的职能重合，这样会造成资源浪费，同时增加存款机构的成本。

我国的《存款保险条例》第七条有相关规定，其中第二点"制定存款保险费率标准"和第三点"确定各投保机构的适用费率"赋予了存款保险基金管理机构厘定保费的职能；第四点"归集保费"和第五点"管理和运用存款保险基金"赋予了存款保险基金管理机构征收保费、管理保费的职能；第七点"在本条例规定的限额内及时偿付存款人的被保险存款"赋予了存款保险基金管理机构赔付的职能。这几条都是"付款箱"模式的功能权限。第六点"依照本条例的规定采取早期纠正措施和风险处置措施"是"风险最小化"模式的功能权限。综合来看，《存款保险条例》所赋予的存款保险基金管理机构的职权介于"付款箱"模式和"风险最小化"模式之间，主要是费率的厘定、征收、管理和赔付，在早期风险干预上侧重"核查"，处置措施是"风险警示"和"提高费率"。但是《存款保险条例》点明了"成本最小"的原则，可见"风险最小化"模式是其最终选择。

1.3.4　成员选择

存款保险制度的成员选择是指加入存款保险体系的金融机构范围和资格条件。存款保险制度的基本目标是保障中小存款者的利益，所以一般存款保险制度的参与者都是那些经营存款的金融机构，如商业银行、储蓄所、信用社等。存款保险制度是采用自愿加入模式还是强制加入模式？各种类型的商业银行必然是存款保险体系的成员，也是主要的参与者，那么，非银行金融机构是否需要加入存款保险制度？

存款保险制度采取自愿加入模式的好处是双方都具有选择权，但是易产生逆选择，加大了存款保险制度的风险；而采用强制加入模式则有效避免了逆选择，所以绝大多数国家都采用这种模式。但是强制加入模式使得存款类机构倾向于高风险经营，所以需要设计合理的标准来规范投保的金融机构，惩罚那些不守规矩的经营者。确定存款保险制度的会员范围主要考虑本国金融市场中各类型金融机构的类型分布、对金融系统的影响程度、公平竞争的需要、谨慎监管的要求。对于不太发达的、以银行为主体的金融市场来说，保护好银行体系就保证了金融体系的稳定性，也保障了绝大多数存款者的利益；而对于较为发达的金融市场来说，金融机构类型繁多，它们对金融系统的影响不可小觑，或者单独承保，或者与银行系统一起承保。

我国《存款保险条例》第二条规定："在中华人民共和国境内设立的商业银行、农村合作银行、农村信用合作社等吸收存款的银行业金融机构，应当依照本条例的规定投保存款保险。投保机构在中华人民共和国境外设立的分支机构，以及外国银行在中华人民共和国境内设立的分支机构不适用前款规定。但是，中华人民共和国与其他国家或者地区之间对存款保险制度另有安排的除外。"从这一规定来看，我国实施的是强制性的存款保险制度，符合规定的投保机构都要在规定的期限内办理投保手续。我国存款保险的会员资格包括在中国境内设立的所有存款货币银行业金融机构，包括中小型农村合作银行、农村信用合作社，将中资银行境外分支机构和外资银行境内分支机构排除在外。

1.3.5 存款保障程度

存款保障程度是指哪些存款纳入保障范围以及存款保障的限额为多少。是否保障外币存款和某些特殊存款是其中的关键问题。是否把外币存款纳入存款保险保障范围主要取决于一国使用外币的程度，如果一国居民使用外币非常频繁，外币存款占居民存款的一定比重，那么就需要保障外币存款，否则存款保险对居民存款保护的作用就有限。相反，如果一国居民外币使用较少，那么影响的只是少部分人，就没有必要把外币存款纳入保障范围，增加存款保险制度的工作难度。

存款保险制度根据对存款人的保护程度，可分为全额保险和限额保险两种。全额保险是指存款保险制度保护存款者的所有存款。全额保险会使大额存款人忽视对银行的谨慎选择，忽视对银行的监督，道德风险较高。限额保险是指存款保险制度设定一个最高承保存款额，只承保部分存款。在限额保险制度下，银行的破产会给大额存款者带来一定程度的损失，这就迫使大额存款者不会一味地追求高利息，而会谨慎地考察银行的信誉和经营状况。因此，限额保险会使存款者增加风险意识，强化对银行的市场约束。所以，采取限额存款保险制度几乎是世界各国一致的选择。

我国《存款保险条例》对存款范围的规定比较明确，承保投保机构的人民币存款和外币存款，不保金融机构同业存款和投保机构的高级管理人员在本投保机构的存款。对于金融机构同业存款，国际惯例是不予承保，因为金融机构本身就应该为自己的行为负责。因为关联存款涉及道德风险问题，因此《存款保险条例》也规定不予承保。

从《存款保险条例》第五条的规定可以看出，我国采用了限额承保模式。限额是基于每个存款人而非每个存款账户，并且采用了限额之下的全额承保。"最高偿付限额为人民币50万元"的规定应该是从多方面考虑的。从严格意义上来说，存款保险制度的限额没有固定标准，确定限额要综合考虑人均GDP、存款额度分布要求以及其他因素，甚至随着国家经济的发展，这个限额可能会是动态的。

1.3.6　筹资机制

存款保险制度的筹资机制包括资金来源渠道、筹集方式、费率确定等方面，良好的筹资机制对于确保存款保险制度的效率和维持公众的信心至关重要。当问题银行破产时，存款保险机构只有资金充足才能较好履行其赔付职能，否则会"推迟问题银行的解决，增加处置成本，甚至危害金融系统的稳定"，所以，存款保险机构要建立合适的筹资机制，调动所有可用的融资方式。

从《存款保险条例》的规定来看，我国的存款保险制度明显是事前基金积累制，这是我国变隐性存款保险制度为显性存款保险制度的基本要求。事后分摊的资金筹集方式在经济衰退和危机期会使存款保险机构支付压力过大，丧失功能，达不到我国想要建立存款保险制度、应对金融危机的初衷。事前积累的资金筹集方式因长期的积累而有稳定的基金来源，偿付能力较强，可信度更高，并且尤为重要的是它提供了一种逆经济周期的平滑费率机制。

《存款保险条例》规定存款保险基金的主要资金来源是投保机构缴纳的保险费及投资产生的收益。金融机构是存款保险费的承担主体，这是我国学者一致的意见，笔者也赞同，这符合经济学谁受益谁付费的规律。费率的计算基础是"被保险存款"，以存款作为费率基础是90%的建立存款保险制度国家的选择，以存款作为基数，简单客观，并且现有的费率定价模型大多以存款为基数来研究。《存款保险条例》规定存款保险基金的运用方式为"存放在中国人民银行；投资政府债券、中央银行票据、信用等级较高的金融债券以及其他高等级债券；国务院批准的其他资金运用形式"。

目前我国的存款保险基金管理机构为中国人民银行设立的存款保险基金管理有限责任公司，其于2019年6月成立，注册资本100亿元。

其根据《存款保险条例》第七条的规定履行下列职责：制定并发布与其履行职责有关的规则；制定和调整存款保险费率标准，报国务院批准；确定各投保机构的适用费率；归集保费；管理和运用存款保险基金；依照本条例的规定采取早期纠正措施和风险处置措施；在本条例规定的限额内及时偿付存款人的被保险存款；国务院批准的其他职责。

2

存款保险制度风险防范相关理论

2.1　存款保险制度的经济学分析

存款保险制度是保护存款人利益、稳定银行体系、维护融资机制的事前预防和事后补救措施，最初在美国创立，其直接针对银行倒闭和金融恐慌而提出。从存款保险制度的含义来看，指明了其保护存款人特别是小额存款人的利益与维持金融体系稳定的目标。由此，我们从经济学角度对存款保险制度的分析，应首先从银行本身的风险角度开始。

现代金融学中对银行的特殊功能、存款保险的作用等相关问题提及最多的是戴蒙德-迪布维格银行挤兑模型（Diamond-Dybvig 模型，即 D-D 模型）。戴蒙德（Douglas Diamond）和迪布维格（Philip Dybvig）[①]运用该模型得到的结论：一是银行可以通过吸收活期存款，为那些需要在不同随机时间消费的人们提供更好的风险分担职责；二是活期存款合约具备一种不受欢迎的均衡——银行挤兑，出现挤兑时，部分资金将无法满足存款人的流动性需要，银行被迫提前清算非流动性资产；三是众多银行的挤兑将引发大规模的经济问题。根据 D-D 模型，银行危机是活期存款合约的一个均衡结果，金融危机会导致经济中实际产出的下降，因而提供存款保险是一种银行合约可以达到非约束的最优方式，以克服银行系统的脆弱性。

存款保险制度既能带来防止因恶性挤兑而发生金融风险的金融稳定效应，也可能会导致银行过度冒险，从而产生道德风险问题。一方面，存款保险制度可以化解储户的恐慌情绪，降低银行挤兑发生的概率，防止危机在银行间的蔓延与传染，稳定金融系统；帮助银行吸收

---

① 两位经济学家在1983年第6期《政治经济学杂志》上发表《银行挤兑、存款保险和流动性》一文，该文以博弈论为基础对银行业的挤兑行为进行了独到的分析。

更多存款，优化金融资源的配置，降低金融危机发生的概率。另一方面，存款保险制度带来的有限责任可能会引发道德风险问题，促使银行过度冒险并承担过高风险。存款保险制度可以降低高风险银行的风险，但同时也会刺激低风险银行调高风险。Chernykh 和 Cole 将俄罗斯引入存款保险制度作为准自然实验的外生冲击事件，实证结果表明存款保险制度实施带来的道德风险会显著提高银行的风险，银行的财务风险和运营风险在制度实施后均会显著上升；在我国实施存款保险制度之后，也有学者发现银行的风险水平提高，且银行道德风险增加主要是通过提高银行杠杆这一途径来实现的。

2.1.1 银行挤兑与存款保险

存款人是按照自身利益最大化的原则行事的，当他感觉到自己的利益受到或即将受到损害时，产生的冲动或行为有可能违背集体理性的原则。银行挤兑发生时，大量存款人集中到银行提取存款，造成银行资金流动及清偿能力出现危机，它既是银行危机的一种表象，也是导致更为严重银行危机的诱因。

1）银行挤兑的成因分析

近年来相关研究中，关于银行挤兑或恐慌的成因大体有以下几种：

（1）非基础性挤兑。这是银行挤兑的传统形式，也称随机个体理论（the random individual theory），认为存款挤兑是因存款者对未来低收益业绩报告、经济形势变差甚至太阳黑子的出现等的预期引起的。

（2）理性挤兑。这也被称为基础性挤兑，是由信息不对称引发挤兑的理论。在该理论中，夏理和杰甘南森（1998）以及杰克林和巴特查亚（1998）等都把信息不对称分布看作引起危机事件的重要原因。这些不对称的信息会使储户的行为不理性，因此，该理论也将储户的行为作为引起银行系统不稳定的主要原因。

（3）混合挤兑。当基础性挤兑和非基础性挤兑同时发生时，就形成了混合挤兑。当银行业绩不佳引起的基础性挤兑与恐慌性挤兑结合在一起时，就形成了唯一理性预期挤兑均衡，对于该均衡，即使存款人没有关于投资回报的不利信息，而仅仅通过表面现象，所有存款人都会去取回存款。

（4）银行特有信息与银行挤兑模型。该模型是朴（Sangkyun Park，1992）提出的，其认为银行挤兑的根本原因是缺乏银行专有信息，存款人关注的并不是银行的流动性而是银行的清偿能力。

2）存款保险对银行挤兑问题的解决

在解决银行挤兑问题时，通常是利用最后贷款人、暂停支付和存款保险等方法，但存款保险具有其他两种方法无法替代的功能。

（1）在无技术风险的条件下，作为最后贷款人的贴现窗口确实能够提供类似于存款保险的服务，但是如果技术是有风险的，最后贷款人就不再像存款保险那样可信了；而且，当银行的流动性问题总是由最后贷款人来担保时，就会有严重的逆向选择发生——逆向激励银行涉足更多的风险。

（2）对于暂停兑现，如果存款人因信息不完备而发生挤兑，那么暂停存款支付就能阻止这一挤兑，但暂停兑现要以牺牲一些存款人的流动性需要为代价，即削弱了银行提供流动性这一特有功能。恩基瑞尔（Engireer，1989）的四时期模型更是证明了暂停兑现的效率很低，因为它不能消除银行挤兑均衡。①

存款保险制度是维护银行体系稳定的一种重要制度安排，也是国家金融安全发展的重要保障措施之一，但其本身在运行过程中也存在

---

① 暂停兑现除了有效率低下的特点外，其作用效果也是暂时的，甚至在某些情况下（如国家宏观经济走势萧条、老百姓对银行丧失信心），即使银行对提款支付的事项做出及时的调整，挤兑现象仍然会发生，问题甚至会更严重。

一些问题。

2.1.2　存款保险的负效应

1）道德风险问题

在存款保险制度中，道德风险是指在经济活动中交易的一方从追求自身效益最大化角度出发，做出损害另一方利益的决策或行动。道德风险被认为是存款保险制度最大的负面问题，可能产生的道德风险主要有三个方面：

一是存款人的道德风险。在未建立存款保险制度的情况下，出于对金融机构存款安全的考量，存款人往往会对金融机构进行多方面的了解监督，从而避免金融机构破产带来的经济损失。而建立存款保险制度后，存款人出于对存款保险机构的信赖，对存款机构的了解监督的积极性大大降低，他们只对较高的收益率感兴趣。这使得低效率甚至资不抵债的银行能够继续吸收存款，产生存款人的道德风险。

二是参保金融机构的道德风险。建立存款保险制度后，一些金融机构将存款保险机构视为保险箱，减少了经营风险引致挤兑的压力；加上存款人对较高收益感兴趣，因而更倾向于从事风险较高和利润较大的经营活动，如高息揽存、发放高风险贷款等。因此，存款保险制度在一定程度上可能使参保金融机构将部分经营风险转嫁到存款保险机构身上。

三是金融监管机构的道德风险。金融监管机构的工作重点是维护金融体系的安全和稳定，银行不倒闭是金融体系稳定的重要标志。建立存款保险制度，使银行避免了挤兑可能导致的倒闭风险，而有经营风险的问题银行可能还会因为存款保险机构的援助而避免倒闭。在这种制度下，也会使得金融监管机构放松其监管职责，延误了处置存在问题金融机构的时机，导致风险程度增加，造成日后解决问题的难度加大。

2）逆向选择问题

所谓逆向选择，一般是指在信息不对称的情况下，交易双方中信息占优势的一方利用其更充分的信息使得交易朝着更有利于自己的方向发展。在存款保险制度中，参保金融机构知道自己的真实风险，而存款保险机构往往不知情，通常只能根据金融机构的平均风险来拟定保费。在自愿加入的存款保险制度中，那些资产质量优良、经营稳健的金融机构可能会由于自身抗风险能力强而拒绝过高的保费定价。相反，那些资产质量较差、经营风险大的金融机构则积极参保以吸引存款人。这样，由于参保的金融机构的经营能力越来越差，存款保险公司会进一步提高保险费率，这又会导致更多经营状况较好的金融机构拒绝参保。这样恶性循环下去，只剩下经营状况最差、风险最高的金融机构留在存款保险体系中，存款保险制度必然无法长期维持下去，最终导致存款保险体系的瓦解。

3）委托–代理问题

委托–代理问题是指代理人在行为上将自身利益，而不是委托人的利益放在首位。存款保险制度无论是由非官方、政府还是双方共同提供保险资金和管理的制度安排形式，只要代理人考虑自身利益而非委托人利益就会产生委托–代理问题。例如，监管者可能会为了逃避监管不力的名声而放松监管，隐瞒无力偿还债务的银行的实际情况，总希望情况会有所改善，这增加了存款保险机构的事后损失。又比如储户将自己的资金存入银行，银行再将储户的资金贷放出去，这在储户与银行之间形成了一种委托–代理关系。储户作为委托人，由于其分散性，难以对银行的资金贷放形成有效的约束，这使委托人（储户）与代理人（银行）之间的约束机制弱化。银行作为代理人，由于吸存的资金并不是自己的资金，出于对业绩的追求，在利益机制的激励下，银行管理者往往偏好做出能为银行和管理者带来高收益的高风险信贷决策。正是这种激励机制与约束机制的不对称，使得银行的高风险贷款项目增加，这加剧了银行的风险。

存款保险制度中委托-代理关系较为复杂，制度安排不同，委托-代理关系就不同，委托-代理关系如果处理不当就会产生较高的财政成本和社会成本。

4）加大经营成本

实行存款保险制度，参保金融机构必定要向存款保险机构缴纳保费。保费的缴纳，在短期内肯定会增加银行的经营成本，降低银行的利润水平。我国实行的是"基础费率+风险差别费率"的保费缴纳结构，所以对于那些经营规模小、经营业绩较差、资产质量较低的中小银行来说，风险差别费率必然会高于大型商业银行，经营成本的上升就更为显著。并且，为了留住大额储户并吸引更多新客户，中小银行需要不断进行业务的推陈出新与推广宣传，这在增加经营成本的同时还压缩了自身的利润空间。

2.2 与存款保险制度相关的风险防范理论

2.2.1 存款保险制度与银行风险承担

1）恐慌现象与正当性问题

从狭义上讲，存款保险是指存款人在银行倒闭时获得的保险。广义上，存款保险还包括其他干预措施，如事后救助、一般担保计划，以及对困境银行提供的其他支持。事实上，这种广泛干预从扩大现有存款保险计划到引入新的计划和一般担保计划，且在危机事件中政府都倾向于选择大规模干预以维护金融体系的稳定。现有存款保险理论通常假设银行挤兑以及更严重的银行危机都基于恐慌事件，而此时可信的存款保险计划则可以避免危机。虽然存款保险可以防止危机发生，但在没有适当的风险调整机制和公平定价的情况下，可能带来道德风险问题。存款保险的有效承诺理论也认为，银行危机完全是恐慌现象，政府在没有完全履行为存款人提供保险的最初承诺的情况下，事后干预将无效。然而，从危机事件看，呈现出不尽一致的特征。例如：政府在危机后采取的措施往往比最初宣布的更多，而且危机也不仅仅来自恐慌事件，往往还跟经济状况和资产价格恶化存在密切联系。在那些不是由恐慌事件引发的危机中，通过存款保险或者其他担保来防范银行挤兑的成本可能极高，如爱尔兰曾对银行业实施一般担保，最终削弱了该国的偿付能力，可见金融部门救助和主权信用风险间的双向反馈机制凸显了存款保险制度改革的必要性。

Diamond 和 Dybvig（1983）的开创性文件最早研究了存款保险的正当性问题，其与银行作为流动性提供者的角色相关，银行在短期资金市场筹集资金再投资于长期资产，这种期限错配增加了存款人的风险，客观上存在存款人提前取款的可能性。之所以会出现银行挤兑，是因为存款人基于先到先得的假设及考虑到长期资产清算的成本较高，在预期其他存款人会采取一致行动的情况下，倾向于做出提前支取资金的选择。如果所有存款人都坚信不会出现恐慌，则只有那些真正有流动性需求的存款人会选择撤出资金，而银行可以满足这些流动性需求，且不需要付出高昂的资产清算成本。如果所有存款人都一致预期会发生危机，则存款人为了最大化地减少损失，会竞相选择撤出资金，而此时银行因无法满足巨额流动性需求而不得不清算长期资产，最终导致银行破产。存款保险正是在这种背景下产生的一种均衡选择。

2）风险敏感定价与制度框架

Diamond-Dybvig模型有两个特殊性：一是存款保险对改变银行或存款人的行为没有任何事前效果；二是存款保险无成本。其中，Diamond-Dybvig分析中的一个关键假设是，银行只投资于无风险资产，故而存款保险不会影响银行或存款人谨慎行事的动机。大量的文献从道德风险角度分析了存款保险的弊端。所有这些贡献都源于其假设，即存款保险消除了恐慌性的银行挤兑，主要观点是：存款保险恶化了银行谨慎行事的动机，并限制了市场纪律，因为存款人不再有监督银行的动机；存款保险增加了金融系统的风险，可能增加保险公司的支出。然而，实施风险敏感溢价可能存在问题，因为它要求监管机构监测银行的投资组合风险，或者诱导银行在不产生过高成本的情况下披露风险。相比之下，Freixas和Rochet（1998）认为，在对银行成本的更一般假设下，即使在竞争激烈的银行体系中，价格合理的存款保险也成为可能，但它也许并不可取，因为在效率较高和效率较低的银行之间存在着交叉补贴。Cooper和Ross（2002）分析了存款保险和资本监管之间的关系，认为银行可能投资风险资产，存款保险具有防止银行挤兑的好处，但也降低了存款人的监管成本，从而促使银行承担更大的风险。鉴于股东必须用资本偿还存款人，以防银行倒闭，故而不再有动机用存款人的资金进行投机性活动。因此，存款保险和资本监管相结合，可以实现最优配置，其中前者旨在防止低效运行，后者旨在缓解道德风险。

银行可以预测自我实现的挤兑概率。如果没有救助，银行可能通过过度投资于短期资产来作为防止挤兑的一种私人保险。当一家银行破产时，以保护投资者的形式进行救助是可能的，反之亦然。银行过度投资于长期资产，进行了过度的期限转换，增加了自我实现挤兑的可能性，使银行更加脆弱。通过对银行的短期负债征收庇古税，可以纠正银行的激励措施。税收的作用是使银行投资选择的私人价值与社会规划者的私人价值相等，从而实现有效配置。许多实证研究验证了监管和制度框架对于存款保险在多大程度上影响银行承担风险进而影响银行稳定性的重要性。主要研究发现，制度和监管环境的质量、管理和成员规则的差异以及共同保险机制的存在，都与存款保险制度对银行风险承担的影响有关。在由银行而不是政府管理的保险体系中，由于银行拥有更好的信息和相互监督的能力，权力滥用的空间更小。同样，制度和监管环境越薄弱，存款保险对金融稳定的负面影响越大。

3）有限承诺和非恐慌危机

Diamond-Dybvig 分析中的另一个关键假设是保险公司有充分承诺，这样存款保险就完全可信了。这意味着，任何类型的保险计划都可以兑现。在这种分析框架下，挤兑只是基于恐慌，这也意味着存款保险是无成本的。不管计划是在初期还是中期公布，只要在长期资产清算前就知道，并且无论银行的清算政策如何，每个存款人都得到了全额偿付，这都是可信的。尽管只要政府能够提高非扭曲性税收，公共计划可能更可取，但只要全额还款可信，保险基金的确切结构并不重要。事实上，存款保险具有纯粹的"公告"效应。由于没有发生挤兑，银行仍然有偿付能力，也没有进行有效的支付。换句话说，保险是无成本的。

如果取消全额承诺的假设，挤兑并非纯粹的协调失败，而是与经济状况恶化有关，那么存款保险的性质和效果就大不相同了。在这两种情况下，担保存款都需要有效的支付，因此成本非常高。这两种情况的原因是不同的，如果保险公司不能完全致力于一项可靠的保险计划，那么就不一定能阻止自我实现的挤兑，以至于即使是有偿付能力的银行也可能因为其资产流动性不足而倒闭。如果银行投资于高风险资产，一个完整可靠的存款保险计划仍然可以防止银行挤兑。然而，当银行资不抵债、无法全额偿还存款时，就需要保险公司进行干预。在这些情况下，存款保险计划的资金结构在决定计划本身的最佳性方面至关重要，这反过来又影响了该计划的可信度，因为提供保险的成本可以抵消其收益。关于有限承诺的文献考虑了更广泛的存款保险定义，包括事后救助和暂停兑换等政策，其焦点在于这项政策能否有效防止银行挤兑。缺乏承诺带来了时间不一致的问题。事后政策才是最可靠的。因此，只有事后的最优政策才能防止银行挤兑，如保险公司实行全额承诺（Ennis 和 Keister，2010）。在这种情况下，如何为该计划融资以及实际成本是多少就变得至关重要。由于在没有承诺的情况下可能发生挤兑，政府必须评估与实施计划有关的收益和成本。

2.2.2　银行特殊性与银行监管理论

1）银行脆弱性与"金融不稳定假说"

自 Minskey（1982）首次提出金融不稳定假说以来，银行脆弱性问题备受关注。银行脆弱性主要源自资本结构的高杠杆、短期贷款与长期贷款的期限错配、银行挤兑的传导性等银行业特征。

一是资本结构的高杠杆。McDill 和 Maechler（2003）认为，高杠杆的资本结构使银行股东在投资高风险活动时过度承担风险，损害期望获得固定比例回报的储户的利益。

二是短期贷款与长期贷款的期限错配。银行短期存款与长期资产并存，通过期限转换为经济社会提供流动性，使银行经营成为一种可信威胁。

三是银行挤兑的传导性。银行业传染特征主要来自两个方面：一方面是存款人行为，一旦银行发生挤兑，储户选择全部提取银行存款，恐慌情绪会迅速蔓延至整个银行体系和其他金融机构；另一方面是同业影响，一家银行的流动性困境甚至破产会通过支付系统在银行业迅速蔓延。Diamond 和 Dybvig（1983）经典的银行挤兑模型指出，银行作为金融中介的基本功能是将非流动性资产转化为流动性资产，但也使银行容易发生挤兑。

2）市场失灵与"公共利益论"

Stiglitz 和 Weiss（1981）、Varian（1996）指出，金融市场存在失灵，主要表现为负外部性和信息不对称。公共利益理论是以银行市场失灵为基础，主张政府适度干预。

一是负外部性。银行倒闭破产的社会成本明显高于银行自身成本，存在着巨大的负外部性（Kareken 和 Wallace，1978）。负外部性可以通过市场化方式解决，即通过契约来约束交易行为，但银行倒闭牵涉利益相关者较多，导致合同形成和执行成本过高。当外部性不能通过市场化方式解决时，可以通过制定法律或对某些产品和服务征收庇古税、市场准入费等非市场化方式来解决。

二是信息不对称。Furfin（2001）指出银行信息不对称严重，银行贷款质量和收益难以快速确定，贷款数量无法反映银行经营业绩；银行可以通过延长贷款期限和发放新贷款偿还旧债来隐藏真实风险。信息不对称的另一后果是产生阿克洛夫的"柠檬市场问题"，即逆向选择和道德风险。信息不对称程度越大，逆向选择和道德风险越严重，市场失灵越明显。

3）中小债权与"代表假说"

拥有大量存款人特别是小额存款人，是银行区别于其他金融企业和非金融企业的基本特征之一。由于债权人过度分散和银行风险信息不透明，存款人缺乏对银行治理的激励和干预能力。Dewatripont 和Tirole（1994）认为，为了减轻道德风险和逆向选择，投资者必须实施复杂、昂贵、耗时和费力的监管，如筛选、审计、签订合同和干预等。但在实施时，银行债权人既没有动机也没有能力搜索信息，更没有能力干预银行治理。因此，当银行资不抵债时，政府监管可以克服小储户代表公共利益的"搭便车"行为。保护许多小储户的利益是外部监管的主要原因，但安全网的存在使小储户没有动力监管银行。

2.2.3　市场约束理论

1）存款人的市场约束

Peria 和 Schmukler（2001）认为存款人约束会有效降低银行业的操作风险。存款人的市场约束分为两类：一类是数量约束，即当银行操作风险增加时，存款人会减少在银行的存款；另一类是利率约束，即储户将要求银行支付更高的利率作为风险补偿。上述两种约束会影响银行的资金来源，进而影响其贷款。对于储户来说，往往通过现有市场信息判断银行风险状况，然后选择存款银行，或者对风险较高的银行要求更高的利息，或者"用脚投票"。对于银行来说，信息披露可能表明它们重视风险控制，实施良好的风险管理。对于监管部门来说，除了要求银行满足资本充足率等监管要求外，还将要求银行进行规范的信息披露。

然而，储户的市场约束效应取决于两个关键因素：一是储户是否具有良好的金融风险意识，如果储户没有良好的金融风险意识，其一般认为银行不会破产，因此不会关注银行披露的财务指标；二是政府对银行是否有隐性担保，如果政府有隐性担保，储户不会关注银行披露的财务指标，对银行的隐性担保会形成公众对银行"大而不倒"的预期，从而无论其经营状况和信息披露如何都会吸收到存款。

2）次级债的市场约束

Bliss（2011）将次级债的市场约束功能概括为：一是次级债投资者可以直接选择是否投资，进而影响银行的风险决策；二是次级债的收益率可以为监管部门提供有益参考，从而提高监管部门实施有效管理的及时性；三是次级债作为附属资本，能够影响银行的经营行为，形成资本约束。从次级债投资者的角度看，投资次级债无法获得与存款类似的隐性政府担保，且还款顺序相对靠后，因此更加关注银行的风险承担，这将在一定程度上对银行构成市场约束，主要表现为：一是在一级市场上，可以根据次级债的风险状况来决定是否投资次级债；二是在二级市场上，可以提高收益率或直接"用脚投票"，对高风险银行的融资成本施加约束。我国很多银行为了达到上市的目的，通常只把发行次级债作为提高资本充足率的工具，而忽略了次级债的市场约束。但是，无论是实现监管目标还是实现上市目的，都是短期行为。次级债往往具有偿还期长的特点，从我国长期金融发展的角度看，次级债的市场约束作用将越来越凸显。

3）股东的市场约束

Galai 和 Masulis（1976）指出，如果股东持有对银行价值的看涨期权，并且存款利率不能正确定价，银行股东就有动机通过承担高风险获得高回报。对于银行股东来说，虽然其在银行破产时的清偿权是最后一位的，但可能存在冒险获取高回报的动机，同时为了投资收益的安全，他们也会对银行进行风险监管。股东实施市场约束的方式包括强化或放弃股份，证券市场上的股票交易通常被认为是股东行使市场约束的一种有效方式，促使银行管理层做出选择，降低其经营风险。Merton（1977）证明了存款保险给予被保险银行看跌期权。当存款保险费率固定或不能完全反映银行风险时，看跌期权的价值会随着银行风险的增加而增加。如果股东对看跌期权感兴趣，银行经理通常通过增加风险来满足股东，此时市场约束的任务落在债权人身上。从我国股票市场的发展看，股票市场长期波动主要来源于上市公司基本面。如果银行风险增加，股票交易可能出现波动。如果股票的波动促使银行管理层在融资成本方面加强风险管理，也就可以对银行构成市场约束。

2.2.4　银行治理理论

1）委托代理理论

Jensen 和 Meckling（1976）认为，由于契约双方存在信息不对称，因此现代企业中所有权和经营权分离产生股东与管理者之间的委托代理关系，股东和管理者利益不一致就会产生代理问题。银行管理者和股东在风险方面有不同偏好，股东可以通过增加基础资产的风险来提高认购期权的价值和看跌期权，规避风险的管理者可能会被诱导采取股东优先选择的投资政策。当银行具备良好的公司治理时，控制代理冲突的机制可以有效控制银行风险承担水平，而在公司治理薄弱的环境下，内部人持股水平与公司绩效呈负相关。从公司治理模式看，股东在股东大会框架下组建董事会，董事会对股东大会负责，从维护股东利益出发对管理层以及银行重大事项进行监督管理。一般认为，董事会规模与公司业绩负相关，表明大型董事会加剧了沟通或协调问题的冲突，而小型董事会以及拥有更多独立董事可以对管理人员进行监督，进而降低银行风险承担水平。然而，在道德风险环境下，银行股东对更大的风险承担具有更高的激励。在代理理论中，持股较多的机构投资者总体上具有更大的管理监督激励。Shlifer 和 Vishny（1986）指出，持有大量股权的大股东为了使公司业绩更好，会对公司价值产生积极影响。中小股东在"搭便车"心理的作用下，在公司监管中往往受大股东控制和影响，而大股东也可借此侵占中小股东利益。

2）利益相关者理论

银行的利益相关者是指其利益与银行经营风险相关的组织或个人。一般来说，股东、债权人、员工等利益相关者与银行之间存在契约关系，因此他们可以在法律约束的基础上，在契约范围内行使利益请求权。而政府、居民和其他利益相关者虽然与银行没有直接的契约关系，但由于社会利益和其他非经济利益的存在，具有间接的利益关系。与一般企业不同，贷款人和政府是银行的特殊利益相关者。这是因为：银行的主营业务是贷款，贷款质量与银行的风险承担能力密切相关；银行在经济社会发展中发挥着重要作用，因此政府不仅要对银行进行监管，在金融支持方面也要依靠银行。Freeman 和 Reed（1983）首先对利益相关者理论进行了详细研究，认为利益相关者是指能够影响组织目标实现或受组织目标实现过程影响的人。Blair（1995）认为，利益相关者是指为企业贡献专有资产并且这些资产作为现有成果处于风险投资状态的所有人或群体。他们确实对公司进行了某种形式的投资，面临着真正的风险。由于利益相关者存在排他性资产，利益相关者可以根据其资产份额和风险承担程度来获得利益保护。企业也应该为所有利益相关者提供利益服务，而不仅仅是股东。虽然利益相关者的综合价值难以衡量，但银行的稳健经营是保护利益相关者利益的基础，因此维护银行的稳健经营是保护利益相关者利益的最有效措施。

3）不完全契约理论

根据企业契约理论，契约双方的信息不对称，信息劣势的一方很难对相关事项做出准确评价。由于担心不完全契约投资带来的沉没成本，投资者会选择放弃一些特定的投资。不完全契约理论发展为两大流派：一种是以 Williamson（1985）为代表的交易成本理论，主张根据信息和交易特征，选择事前和事后都能节约交易成本的治理结构；另一种是以 Grossman 和 Hart（1986）为代表的产权理论，主张提前合理分配剩余索取权，以提高关系型投资激励。对于银行而言，股东、债权人和管理者之间、管理层和贷款人之间、政府和企业之间的信息不对称程度非常高。通过加强监管来减少这种信息不对称通常要付出很大代价，特别是在金融产品设计和定价日趋复杂的情况下，成本远远高于收益的现象尤为明显。其中：由于专业知识有限，存款人难以对银行治理产生实质性影响；由于专业素质不足，外部投资者也难以在银行信息披露中起到监督作用；尽管监管部门付出了巨大的监管代价，仍难以覆盖各项业务活动。因此，完善银行治理，应从减少利益相关者之间的信息不对称入手，通过设计激励相容机制，尽可能消除信息不对称的影响。

2.2.5　银行信息披露

1)《巴塞尔协议Ⅱ》与银行信息披露

《巴塞尔协议Ⅱ》的第三支柱强调了市场纪律作为补充最低资本要求和监管审查过程的额外工具在促进银行体系安全稳定方面的重要作用。银行股东的三种群体——储户、债务持有人和股权持有人都表现出市场纪律。利益相关者可以使用基于价格的方法和基于数量的方法来约束银行。在第一种方法下，利益相关者要求更高的回报作为对高风险银行的补偿。而在第二种方法下，利益相关者通过撤资来约束风险银行。然而，市场纪律的有效性需要根据其影响银行风险承担的能力来评估。利益相关者判断银行好坏的能力将取决于银行披露的信息的数量多少和质量好坏。与此相对应，第三支柱强调信息披露在加强市场纪律方面的作用。Blum（2002）等人建立的理论模型假设，自愿披露更多风险敞口信息的银行将在均衡中选择更低的违约风险。正如Cook和Spellman（1994）所揭示的，由于信息披露越多，银行就会受到越多的公众监督，利益相关者将要求高风险银行提供更高薪酬，因此，银行需要确保将其承担风险的激励措施调整到与其他不披露太多信息的银行基本适应。信息披露在更好维护银行体系稳定方面的有效性得到了Tadesse（2006）的证实，Tadesse利用49个国家的数据进行研究发现，在信息披露较好的国家，发生银行危机的可能性较小。

2）银行信息披露与银行风险承担

Flannery（1991）开发的理论模型认为，存款保险制度降低了储户监督银行风险承担的动机。因此，他们假设在银行风险增加的情况下，当未被保险的资金数额较大时，市场纪律可能更有效。Hudgins（2002）分析了1984—1994年间美国无保险存款与金融机构失灵之间的关系。他们发现，在破产前，破产机构的无保险存款占总存款比例较低，而且与有偿付能力的机构相比，破产机构在破产前从无保险储户中吸收的存款较少。这意味着，市场纪律的有效性与未投保存款数量有关。Hoang等（2014）也对该关系进行了检验，发现无保险资金规模较大的银行承担的风险较小。Blum（2002）开发的理论模型认为，在银行存款没有保险和银行的风险选择对存款人可见的情况下，银行的风险选择将是有效的。这是因为银行将风险选择对存款人的影响考虑在内，存款人会要求承担更高风险的银行给予更高补偿。据此，Nier和Baumann（2006）开发了一个实证模型来检验市场纪律在减少银行过度冒险行为方面的有效性，这种行为取决于银行由未保险负债提供资金的比重和银行风险选择的可视性。他们用32个发达国家的数据检验了市场纪律的有效性。Wu和Bowe（2010）对中国银行业使用了类似模型，发现信息披露与银行股本之间存在正相关关系。与信号理论主张一致，他们的研究证实，与风险相关的披露越多，银行经理承担的风险越低，表明信息越透明的银行越安全。此外，这两项研究还发现，拥有大量无保险资金的银行承担的风险更小。总体而言，他们的研究结果证实，市场纪律为银行提供了保持强大资本基础的动力，以缓冲因风险暴露而产生的潜在未来损失。

2.3 存款保险制度实施中的几个关键性问题

2.3.1 存款保险机构和损失最小化

对存款进行保护并由一个信誉良好的独立存款保险公司来提供保险，其更深层次原因是，它向存款人表明了他们不应该期望政府保证对存款保险机构限额外的存款进行偿付。

"损失最小化"型存款保险机构也被称为"风险最小化"存款保险机构。这样的存款保险机构可以有广泛的权力，如决定是否可以接纳一个银行进入存款保险体系、制定保险条款、按照一定的风险基础评估存款保险的保费，以及即使在银行正常经营的时候也可以对其采取行动。一个"损失最小化"的授权要求有明确的职责和责任，还要在存款保险机构、监管机构和其他安全网参与者之间建立有效的信息共享和协调机制。

加拿大存款保险公司前主席罗纳德·罗伯森指出，成立一个"损失最小化"的存款保险机构最好的激励机制，使该机构有更大能力为这个体系节约大量的资金。一个被授权"损失最小化"的存款保险机构应该同样赋予其履行该职责的权力，如对成员机构的风险评估和管理、财务处罚、终止保险，及在早期干预和避免成员机构倒闭解决方案中发挥作用。一个"损失最小化"类型的存款保险机构应该是独立运作的，但它是一个运作良好的金融安全网的组成部分，它应该以透明的方式进行管理，并对其利益相关者负责。同时，该类存款保险机构应该以一个紧密的整体存在。一个存款保险机构无论在景气或不景气的时候，都要有适当的资源来履行其法定职责。

2.3.2　受保存款类型

从国际经验来看，存款保险受保存款的类型相对广泛，覆盖中小存款人的大多数账户，从而保护存款人合法存款的额度最大化。但是由于存款保险主要保障普通存款，因此不能涵盖所有存款类型，如基金、结构性存款、理财产品、可转让存单等具有风险收益特征的资金都不属于受保存款。美国未将股票、债券、基金等投资类账户纳入保障范围，中国香港地区、澳大利亚均对结构性存款、理财产品等账户不予偿付，日本、韩国均对可转让存单、投资信托不予偿付。主要国家（地区）存款保险保障的存款类型见表2-1。

表2-1　　主要国家（地区）存款保险保障的存款类型

国家（地区）	活期存款	定期存款	外币存款	同业存款	非金融企业存款	政府存款	非银行金融机构存款	非居民存款
美国	√	√	√	√	√	√	√	√
加拿大	√	√	×	√	√	√	√	
英国	√	√	√	×	√	×	×	
俄罗斯	√	√	√	×	×	×	×	
日本	√	√	×	×	√	×	√	
韩国	√	√	√	×	√	×	×	
巴西	√	√	×	×	√	√	×	
印度	√	√		×	√	√	×	
印度尼西亚	√	√		√		√		
中国香港	√	√	√	×				

资料来源：FSB官网。

2.3.3　最高偿付限额

存款保险制度的设计针对不同类型的存款人的目标是有所区别的，对于小额存款人主要以保障其存款为主，对于大额存款人在保障存款的同时还需要发挥其市场监督的作用，让大额存款人通过其信息优势和动力来决定存款的银行。因此设置最高偿付限额主要是保障小额存款人的利益。

实行限额保险制度最重要的是最高限额的确定。额度制定得过高，会使购买保险的单位保费增多，也会使存款保险机构的赔付压力过大；额度制定得过低，则会打击保险对象的积极性，对金融业有序发展造成冲击，这一制度就会形同虚设。例如，若一国的存款保险额度过高，在多数人的存款能得到全额赔付保障的情况下，存款人就容易忽视银行的经营风险，受高利率的吸引而选择风险较大的银行，形成"逆向选择"现象；而银行则容易不顾经营风险和存款人利益而选择风险高的投资项目，造成经营的"道德风险"。因此，一国存款保险的限额应在确保小额存款者利益的同时又不易产生"逆向选择""道德风险"现象，如何平衡取决于经济体对本国实际国情的权衡与考量。

IADI在准则中明确，存款保险限额应当保障90%以上存款人的存款，才能发挥存款保险的金融安全支柱的作用。在大多数国家（地区）的实践中，通常都会为90%以上的存款人提供全部保障。例如，英国在金融危机后将限额从3.5万英镑上调至8.5万英镑，客户覆盖率提升至98%；美国自2008年起将偿付限额由10万美元提升至25万美元，客户覆盖率提升至99.7%。当前部分国家（地区）存款保险限额及覆盖率见表2-2。

表2-2　　当前部分国家（地区）存款保险限额及覆盖率

国家（地区）	限额	限额/人均GDP	客户覆盖率
美国	25万美元	5.3	99.7%
加拿大	10万加元	2.0	97%
英国	8.5万英镑	3.0	98%
韩国	5 000万韩元	2.0	—
印度	10万卢比	1.3	92.9%
中国台湾	300万新台币	4.9	—
中国香港	6.4万美元	1.75	90%

资料来源：IADI官网。

2.3.4　基于风险的费率制度

在国际实践经验中，存款保险的费率制度可分为固定费率制和差别费率制。固定费率制，是指每家投保机构的费率都是固定的、相同的。由于未考虑投保机构的风险因素，这种费率制度易导致高风险机构提高风险偏好。差别费率制，也叫风险差别费率制，是指不同投保机构费率是不同的，一般风险越高费率越高、风险越低费率越低。这有利于促进公平竞争，强化市场约束。

1991年，美国率先推行风险差别费率制；1993—2001年，法国、阿根廷等国家和中国台湾地区等均选择从固定费率制转变为差别费率制；新加坡、蒙古国等国家和中国香港地区都在起步时直接引入了差别费率制；2009年，韩国对其《存款人保护法》进行了较大的修订，并自2014年起废止固定费率制度，根据投保银行的各项风险指标进行评估评级，并据以实施风险差别费率制；2011年，国际存款保险机构协会对《建立差别费率存款保险制度的一般指引》进行了更新，提供了更多的原则性指导意见；2014年4月，欧洲议会先后要求所有成员实行风险差别费率制。

国际存款保险机构协会的数据显示，截至2019年，采用风险差别费率制的国家（地区）已达41个，风险差别费率制逐步从简单走向成熟。部分引入风险差别费率制的国家（地区）情况见表2-3。

表2-3　　　部分引入风险差别费率制的国家（地区）情况

国家（地区）	引入时间（年）
美国	1991
加拿大	1996
中国台湾	1999
德国	2003
中国香港	2006
马来西亚	2008
韩国	2014

资料来源：根据相关国家（地区）存款保险机构官网资料整理。

2.3.5　早期纠正

从国际经验来看，存款保险制度发展较为成熟的美国、加拿大、韩国等国家，其早期纠正职责相对健全高效。美国《联邦存款保险法》对投保机构的早期纠正有详细规定，它将资本状况作为是否启动早期纠正的核心标准，并采取不同的早期纠正措施。各国早期纠正的措施基本是一致的，以美国为例，FDIC将投保机构分为

"资本相当充足"、"资本足够充足"、"资本不够充足"、"资本明显不足"和"资本严重不足"五类（见表2-4），并对每类投保机构适用不同严格程度的选择性和强制性早期纠正措施（见表2-5），体现出监管措施逐渐趋严的"结构化干预"理念。同时，普遍认为及时识别风险的前提条件是存款保险机构要有必要的信息收集权和现场检查权。

表2-4 FDIC对投保机构的分类标准

投保机构类型	对应资本相关指标			
	核心一级资本充足率	一级资本充足率	资本充足率	杠杆率
资本相当充足	不低于6.5%	不低于8%	不低于10%	不低于5%
资本足够充足	不低于4.5%	不低于6%	不低于8%	不低于4%
资本不够充足	低于4.5%	低于6%	低于8%	低于4%
资本明显不足	低于3%	低于4%	低于6%	低于3%
资本严重不足	有形资产/总资产≤2%			

资料来源：整理自FDIC官网。

表2-5 FDIC对投保机构的早期纠正措施

投保机构类型	选择性措施	强制性措施
资本相当充足	—	—
资本足够充足	—	吸收经纪存款须经FDIC批准
资本不够充足	要求重新注资；限制子公司间的交易；限制存款利率；限制其他活动；任何有助于早期纠正的其他措施	除上述所有适用于资本足够充足机构的措施外，还包括：加强监管；补充资本；限制资产增长；不能开展新业务；收购、开设分支机构受到限制；停止管理费和分红的发放

投保机构类型	选择性措施	强制性措施
资本明显不足	除上述所有适用于资本不够充足机构的措施外，还包括：在资本增长方面采取更严的措施；减少或停止高风险业务；控股公司资本分配需经美联储批准；通过改选董事会、更换高管等强化公司治理；禁止吸收同业存款；未提交资本重组计划即可实施强制监管	除上述所有适用于资本不够充足机构的措施外，还包括：更换高管；限制存款利率；限制高管薪酬；限制子公司间的交易；要求被收购或者通过重新注资达到最低监管要求
资本严重不足	—	除上述所有适用于资本明显不足机构的措施外，还包括：90日后强制接管；对次级债务支付收益进行限制。以下行为需经FDIC批准：资产出售、投资等非日常交易；高杠杆交易的信用扩张；公司章程修订；会计方法变更；高利率或高红利支付等

资料来源：整理自 FDIC 官网。

2.3.6 问题机构处置

对问题机构的有效处置机制是各国存款保险体系中非常关键的内容，是存款保险制度的"最后一公里"。在各国的实践中，问题机构处置的核心不是投入大量救助资金，而是需要切断风险的蔓延，尽最大可能降低银行的处置成本，有效规避市场风险。国际上问题银行的处置方式主要包括四种，分别为收购与承接、过桥银行、经营中救助、直接偿付（见表2-6）。具体采取哪种方式，往往根据处置成本来决定，存款保险机构作为最大的利益相关方，必然追求处置成本的最小化。

表 2-6   处置问题投保机构的四种方式

处置方式	运作机制	案例
收购与承接	由健康机构收购问题银行的部分或全部资产，同时承接其部分或全部债务。收购方可以收购部分有效和高质量资产，或者只承接在存款保险限额以内的存款，也可以收购不良资产，并可以要求进行损失分担	美国FDIC处置95%以上的倒闭投保机构，如华盛顿互惠银行、美联银行；韩国存款保险公司（KDIC）处置斯麦尔储蓄银行；日本存款保险公司（DICJ）对179家银行的处置
过桥银行	通过建立一家新银行承接并运作倒闭投保机构的部分业务。过桥银行一般有一定的存续期，在找到合适的收购方之前，由过桥银行填补过渡期间业务空白	美国FDIC处置印地麦克银行；日本DICJ处置振兴同银行；韩国KDIC对24家银行的处置
经营中救助	使用存款保险基金或公共资金对经营不善的银行进行直接注资等财务援助，以帮助其恢复经营能力。如果政府提供资金后成为问题银行的主要股东，之后应通过合并、业务转让以及股份转让等方式退出	美国FDIC救助花旗集团
直接偿付	如果无法采取上述各项处置措施，则需要对问题银行的存款人进行偿付，以及由存款保险机构或其他监管部门担任主要清算人对问题银行进行清算	少有案例

资料来源：根据部分国家存款保险机构官网资料整理。

2.4 存款保险制度的目标及基础结构

2.4.1 存款保险制度的目标

建立存款保险制度，首先要明确制度想要达成的目标，目标不同，赋予它的职能也不同。一般存款保险制度必然包含的目标是对小额存款者的存款进行保护和赔付。小额存款者通常对金融知识不甚精通，他们没有能力和途径去对复杂的金融机构进行监督和评估，即使有些人能够做到，付出的成本也远大于所得到的收益。而当他们得知金融机构的一些负面消息后，所能做的就是通过提取自己的存款来保护自己的利益，他们是属于"用脚投票"的人。所以，建立存款保险制度的首要目标就是保护小额存款者的存款。

存款保险制度为小额存款者提供保障的同时，也避免了他们盲目提取存款保护自己的行为，从而有助于防止银行挤兑的发生，维持金融体系的稳定性。可以说，没有一种制度比显性存款保险制度更有助于防范银行挤兑风险。正是存款保险制度的这些功能才使得很多建立存款保险制度的国家赋予了制度更多其他的目标。

1）世界各国的选择

世界各国在建立存款保险制度时，由于建立背景和时机不同，所赋予其目标也有很大不同。有些国家的存款保险制度是在经济危机、银行危机发生时建立的（如美国、印度、菲律宾、挪威等），所以它们的目标还包括提供信用保障，提升公众对银行系统的信心等，从而摆脱金融危机。有些国家的存款保险制度是为了补充现有金融监管的不足而建立的（如尼日利亚等），它们的目标还包括处理问题金融机构、清算银行等现有金融监管无法做到的方面。有些国家的存款保险制度是在进行金融改革时引进的（如日本、俄罗斯等大多数国家），所以它们的目标还包括维护金融稳定、完善金融监管制度、建立公平竞争的市场化金融环境，为金融改革做好准备。

总结起来，世界各国存款保险制度的目标主要有：保护小额存款者利益、提供银行信用保障、提升银行体系信心、促进金融行业公平竞争、维护支付体系秩序、维护金融系统稳定、提供处理问题金融机构的机制等。每个国家在建立存款保险制度时，都要结合自己国家的国情，选择合适的政策目标，目标不同，赋予存款保险制度的职能也不同，其权限和内容也不同。

2）《存款保险指南》和《有效存款保险制度核心原则》的要求

面对世界各国不同的目标，两大规范精选出其中最重要的，一致认为存款保险制度的公共政策目标是：保障小额存款者利益，促进金融体系稳定。两大规范认为目标的确定至关重要，"应正式载明于法规的序文中"，并且"应妥善整合纳入存款保险制度的设计中"。

两大规范同时还提出存款保险制度还需要兼顾防范道德风险的目标。道德风险源于保险领域，是指个人由于不需要承担风险所带来的后果，往往疏于防范风险，甚至追求风险，从而给保险人带来更大损失的自私行为。存款保险作为保险的一种，同样会产生道德风险问题。Boot 和 Greenbaum（1993）认为，存款保险制度在保护存款者利益的同时，不可避免地会诱使银行经营者从事高风险投资活动，引发道德风险。

存款保险制度所带来的存款者和存款机构两个方面的道德风险使得存款保险制度的效果大打折扣，甚至还会诱发系统性风险，所以当初很多学者反对建立存款保险制度。任何一个制度都有利有弊，关键是利大于弊还是弊大于利。学者们通过不断地研究，发现良好的制度环境和合理的制度设计有助于降低道德风险。

《存款保险指南》中提出，良好的制度环境包括：健全的公司治理结构、稳健的风险管理制度、有效的市场约束机制以及强有力的审慎监管、管制与法律框架等，而且上述这些因素若能协同发挥作用，其效果将更加显著。首先，健全的公司治理结构与完善的风险管理制度，有助于确保银行形成稳健的经营战略与安全的经营方案，并能在第一线有效防范其从事过度风险活动。其次，有效的市场约束机制则需要完善信息披露制度，需要评级中介机构、市场分析师、金融评论家或其他专业人士持续地对银行经营进行审查关注。最后，审慎的监管手段有助于降低道德风险，控制过度风险，如最低资本金要求、合格的董事与经理人员、稳健的商业经营活动、适宜的股东日常监测和风险管理规则、强有力的内控机制和外部审计等方面。

《存款保险指南》和《有效存款保险制度核心原则》同时指出，合理的制度设计有助于降低道德风险，如实行保额限制、共同承保、实施风险差别费率、缩小一些承保范围、提前干预问题银行机构等措施（关于这些方面笔者会在后文的具体设计中详细阐述）。

综上，两大规范所提倡的存款保险制度目标是：保障小额存款者的利益，促进金融体系的稳定，防范道德风险。

3）我国学者的建议

对于存款保险制度的目标，国内学者没有什么分歧，都认为保护小额存款者的利益是首要目标。有的学者认为不需要赋予存款保险制度太多目标，主要还是以中央银行为首来对金融市场进行监管和保障，只需要其履行事后赔付职责、保障存款这单一目标就够了。有的学者则根据我国的金融形势，提出存款保险制度还应该弥补现有金融安全网的不足，致力于建立健全金融市场的退出机制。有的学者则赋予了存款保险制度更多的希望和目标，解正山（2009）[1]提出我国存款保险制度的政策目标为："保护存款人利益（机构存款人及其他如银行、保险公司等债权人不受存款保护）；对投保问题金融机构实施破产监管；维持银行体系的稳定与健康发展；促进银行业的公平竞争"。之所以把"促进银行业的公平竞争"也作为一项政策目标，"主要是考虑到我国银行业目前的竞争还不够充分，大型国有商业银行拥有的政策性垄断优势一定程度上导致了市场竞争的不公平，特别是当这些大型银行发生流动性危机或清偿危机时，政府总会不计成本地予以援助或救助，没有考虑市场力量的约束机制，使其他银行处于竞争劣势中。因此，我国新建的存款保险制度应把促进公平竞争作为重要的政策目标，并在具体的制度上予以体现"。

4）《存款保险条例》的规定

《存款保险条例》第一条："为了建立和规范存款保险制度，依法保护存款人的合法权益，及时防范和化解金融风险，维护金融稳定，制定本条例。"

此条例第一条既是对制定条例目的的说明，也是对中国存款保险制度目标的定位。从中可知，中国存款保险制度的基本目标是"依法保护存款人的合法权益"，在此基础上"及时防范和化解金融风险，维护金融稳定"。虽然对目标的定位有三点，但对于"防范和化解金融风险"，存款保险基金管理机构主要还是依靠"风险警示"和"提高费率"来实现，真正的问题银行的处置还是依赖现有的金融监管机构。所以此条例对中国存款保险制度的目标定位还是比较保守，反映出在存款保险制度建立的初期，目标不宜过多。

① 解正山.《有效存款保险制度核心原则》评价及对我国的借鉴［J］. 上海金融，2009（10）：53-58.

2.4.2 存款保险制度的基础结构

1）存款保险制度的存在基础

各种存款保险制度的存在，都需要有完善的民法和商法保障财产所有权，也应明确存款保险机构作为受托人的职责，同时还须明确规定其在支付系统中享受有效的风险防范框架的支持，这些都是保证存款保险制度成功的基础。

（1）要有健全的监管体制。存款保险制度本身就是一种监管体制，但这需要有合适且胜任的工作人员来管理和操作，如执行管理和资本运作规则、控制风险、向公众和监管者披露信息、实施一系列切实可行的措施以预防银行破产，甚至在必要时立即处理资不抵债的银行。另外还有：存款保险机构的监管当局应严格处理问题银行，避免将损失转移到存款保险机构身上；实施法定资本充足率的监管要求，也是对存款保险制度的一种保护。

（2）处理好次级债务。次级债务（subordinated debt）是指在清理中，排在其他非股权索赔之后的债务，这种债务对加强银行体系有双重作用。作为一种银行产权资本的补充，次级债务起到缓冲损失和判断银行状况的市场信号的作用。次级债务并不是存款保险制度中的一种替代物，但可作为一种有用的补充。

（3）建立处理问题银行的有效框架。所有国家都需要一个完善的框架来重组问题银行。这种明确的法律框架将有助于当局干预、出售或关闭问题银行，促进对问题银行的早期行动并避免因延误而使处理成本过高，从而保持了金融稳定。在银行法中有必要明确存款保险制度处理个别银行的框架，且不能与其他法律如公司法、商业法相矛盾。

2）存款保险制度的授权问题

存款保险制度的授权主要涉及私营还是公营的问题。私营存款保险制度的好处是不必承担保证银行系统稳定和避免增加会员成本支出的压力，但坏处是不能应对大范围的银行破产，因此选择私营还是公营将直接影响到存款保险机构的职权范围。

对于私营还是公营的讨论，我们可以借鉴两个国家的制度，一是阿根廷的存款保险制度，这是一种全部采用私人基金的存款保险制度，是私营存款保险制度的典型；二是美国的政府管理的存款保险制度，但设立的基金仍为私人基金（同时由政府提供直接资金支持）。私营存款保险机构的职权范围有限，而政府管理的保险机构具有更为广泛的职权和作用[①]。私营存款保险制度若没有政府的支持，很可能缺乏信誉。但若有政府支持，并确信政府将补足资金缺口，私营保险机构可能为保证资金自给自足而设定极低的保费。因此，许多国家的存款保险制度需要由政府机构管理以保护公众利益和使纳税人免受损失。但不管是私营还是由政府管理的存款保险制度，都必须建立完善的法律框架。

3）存款保险制度的职权问题

存款保险制度的职权范围有广义和狭义之分，当然，最为重要的是应明确规定存款保险机构或政府的职责作用，以使该机构建立适当的组织结构并有效地履行职责。

狭义上的存款保险可能仅仅是一个负责向破产银行的投保存款人赔付的"付款箱"，其主要职责包括：为会员机构小额存款人投保；立即赔付破产会员机构的投保存款人，最大程度减少对经济的冲击；根据银行提交的监管机构报告，制定并征收保费；管理保险基金，确

[①] 不管是何种制度，当银行资不抵债时或缺乏流动性时，还必须明确谁应给予支持，在什么条件下提供支持。在银行业问题严重时，存款保险制度的执行最终还是需要政府的支持。

保其有效履行职责，保持较低保费以保护会员机构利益，保证银行系统稳定；向公众通告存款保险制度的作用和职责，并说明该制度将如何运作。

广义的职权范围除了狭义上存款保险制度的职责之外，还包括：监测银行的状况，评估其潜在的损失，采取措施预防这些损失或将这些损失最小化；处理已被监管当局干预的投保金融机构；另外还有受托人的职责，即避免损失和尽可能地获得破产银行的证券资产。

有时一国的监管当局要求暂停提取存款，实际上监管当局应尽量避免采取暂停取款或限制可提取的存款数额的方法，但监管当局在评估和分摊损失时也需要采取这些措施。不论是私营还是政府与私人合营的存款保险机构，也不论是广义职权还是狭义职权，都必须分析来自监管机构与其他机构的信息以保护保险基金，必须畅通存款保险机构与监管机构之间的信息交流。另外，在处于系统性危机时，可能不得不建立一个特殊的机构来应对破产的冲击和处置破产银行的大额资产。①

---

① 如20世纪80年代后期和90年代初期，美国联邦存款保险公司（FDIC）成功地解决了大量银行倒闭的问题；而联邦储蓄和贷款保险公司（FSLIC）却未能做到。在取消了联邦储蓄和贷款保险公司后，为处理大量破产的存款机构，美国于1989—1995年创建了资产管理公司。该部分详见本书第4章第3节。

3

存款保险制度与风险的关联分析

3.1 各种存款保险制度的比较及实行背景

国际上，存款保险制度已经成为各国维护金融安全的重要"防火墙"。20世纪30年代美国发生经济危机，由于经济危机和银行体系的崩溃，美国创立了世界上第一家独立的金融监管机构——联邦存款保险公司（FDIC），开始了存款保险制度的实施。紧接着，其他国家也纷纷效仿，存款保险制度开始遍布全球。在世界金融制度中，存款保险制度已然成为金融安全体系中的重要一环。

在国内，我国存款保险制度在20世纪90年代就已经开始酝酿，1993年国务院首次提出了建立存款保险制度，保障存款者的利益。2004年，中国金融体制改革进度加快，存款保险制度的建立步伐也随之加快，中国人民银行金融稳定局保险处正式成立。2006年，政府明确提出"规范金融机构市场退出机制，建立相应的存款保险、投资者保护和保险保障制度"。2011年，政府再次指出"建立存款保险制度"。2013年，国务院提出"推进制订存款保险制度实施方案，建立健全金融机构经营失败风险补偿和分担机制，形成有效的风险处置和市场退出机制"。随后，党的十八届三中全会通过的《中共中央关于全面深化改革若干重大问题的决定》中明确指出，"建立存款保险制度，完善金融机构市场化退出机制"。由此可见，我国政府对于存款保险制度的建设工作早已开始探索和推进。2015年，国务院发布的《存款保险条例》于5月1日起正式实施，这意味着我国的存款保险制度正式施行。虽然我国存款保险制度的实施比其他国家起步晚，但存款保险制度的建设却是政府长期以来一直关注的。

2015年，我国宏观经济有了质的改变，逐步深入全球经济体系之中。在我国的倡导下，2015年12月，亚洲基础设施投资银行成立，这是第一个由中国设立的多边金融机构。同时，我国与"一带一路"共建国家展开各种经济合作。不得不说，这一年是中国"走出去"倡议中迈出最远一步的重要时间点。我国在国际金融中，慢慢从遵守国际规则、接受国际规范，渐渐尝试向参与规则制定、扩大金融影响力方向转变。在从"金融小国"走向"金融大国"的过程中，要扩大本国金融市场的影响力，存款保险制度的实施显得尤为重要。2017年，国内利率市场化初步完成，我国市场化程度越来越高，金融"严监管"政策愈加明显。在存款保险制度的运行中，其是否适应我国国内的实际发展状况？相关利益主体在新制度实施下能否适应客观环境的改变？制度供给者和需求者表现如何？新制度的效果如何？在将来如何进一步实施？这一系列问题将在后文阐述存款保险制度相关理论的过程中同步探索研究。

3.1.1 强制存款保险制度与自愿存款保险制度

这里我们可以先从一般的强制保险和自愿保险说起。所谓强制保险，是指根据国家颁布的有关法律和法规，凡是在规定范围内的单位或个人，不管愿意与否都必须参加的保险。自愿保险也称任意保险，是指保险双方当事人通过签订保险合同，或是需要保险保障的人自愿组合、实施的一种保险。存款保险又称存款保障，是指国家通过立法的形式，对公众的存款提供明确的法律保障，同时促进银行业的健康发展。存款保险作为一项金融业基础性的制度安排，有利于更好地保护存款人的权益，促进金融机构健康发展，维护金融稳定。

因此，同一般的保险分类形式类似，存款保险按照其投保形式的不同，可以分为强制性和自愿性两种。强制存款保险制度指所有存款性金融机构都被强制参加存款保险；而自愿存款保险制度则允许金融机构自行决定是否参加存款保险，同时存款人也可自由选择投保的金额。

在一个国家社会公众及银行的风险意识和保险意识较弱的情况下通常采用强制存款保险制度，实行强制存款保险制度的国家占多数，如英国、日本、加拿大、巴西、印度、菲律宾等。相反，在一个国家社会公众的保险意识及银行的风险意识较强时，往往这个国家的金融机构会主动且理性地参与存款保险，此时，可以采取自愿存款保险制度，以便各家金融机构依据自身情况拥有不同的风险保障，为其业务发展提供便利。采取这种制度的国家主要有意大利、法国、德国、瑞士、阿根廷等。

当然，还有为数不多的国家和地区实行强制与自愿投保相结合的方式，如美国和我国台湾地区。美国1933年银行法规定所有联邦储备会员银行必须加入联邦存款保险体系，非联邦储备会员的州银行自行决定是否参加存款保险，自愿加入者必须向FDIC提出申请，经审批通过方可取得保险资格。但在银行业激烈竞争的情况下，商业银行若不参加存款保险就很有可能在发展中处于劣势地位，所以实际上美国几乎所有商业银行都加入了存款保险体系。部分国家存款保险制度的比较见表3-1。

表3-1　　　　　　　　　部分国家存款保险制度的比较

国家	美国	英国	日本	印度	中国
机构名称	联邦存款保险公司（FDIC）	金融服务补偿计划公司（FSCS）	日本存款保险公司（DICJ）	存款保险与信用担保公司（DICGC）	存款保险基金管理有限责任公司

国家	美国	英国	日本	印度	中国
机构性质	政府建立的存款保险机构	隶属于FSA的法人机构	由官方和民间共同建立的存款保险机构	附属于印度储备银行（印度的中央银行）	中国人民银行注资100亿元
机构职能	提供存款保险；银行监管；处置问题银行（收购和承接交易、直接偿付、救助）	管理金融机构缴纳的保费；在金融机构破产时承担付款责任	收取保险费用和支付保险金；对倒闭银行进行并购；对破产银行全部或部分业务转让提供财务援助	独立性差，行使检查、监管的权力，委托储备银行进行检查和调查	《存款保险条例》第七条
存款保险资格	自愿与强制相结合	强制性保险	强制性保险	强制性保险	强制性保险

3.1.2　显性存款保险制度与隐性存款保险制度

国际上通行的理论是把存款保险分为显性存款保险和隐性存款保险两种。显性存款保险制度是指国家以法律的形式对存款保险的要素、机构设置以及问题机构处置等做出明确的规定。而隐性存款保险制度则多见于发展中国家或者国有银行占主导地位的银行体系中，是指国家没有对存款保险做出相应的制度安排，但在银行倒闭时，政府会采取某种措施保护存款人的利益，从而形成公众对存款保护的预期。

显性存款保险制度与隐性存款保险制度的主要区别在于显性存款

保险制度的实施依赖于中央银行法、银行法或其他相关法律，这些相关法律明确了存款保险制度的主要内容，通常包括：实施日期、保险范围、保险限额、保险基金的来源和管理、银行倒闭的处理等。隐性存款保险制度则没有明确的法律框架。整体而言，就各国目前情况来看，大多数国家建立的是显性存款保险制度。

由此可见，显性存款保险制度具备一定的优势，从各国的实施经验来看，可以总结为以下几点：一是明确银行倒闭时存款人的赔付额度，能较好地起到稳定存款人信心的作用；二是建立专业化机构，以明确的方式迅速、有效地处置问题银行，节约处置成本；三是事先进行基金积累，用于赔付存款人和处置问题银行，对金融风险可能带来的不良后果有一定的承受及处理能力；四是增强银行体系的市场约束，明确银行倒闭时各方的责任。

相比之下，隐性存款保险制度的缺点可见一斑。隐性存款保险制度较大概率会出现欠缺合理性、公平性的情况。由于法律法规没有明确银行出现危机时政府、银行、银行股东等各方的责任和义务，也没有建立相应的存款保险基金，因此，隐性存款保险制度的有关政策和措施很大程度上取决于政府的当下决策，这也极易引发道德风险。而显性存款保险制度更有利于避免银行的挤兑现象，在维护存款保险机构正常运行的同时也维护了整个金融市场的稳定。

因此一般认为，显性存款保险要优于隐性存款保险。根据 Demirguc-Kunt、Karacaovali 和 Laeven 在 2007 年对全世界 181 个国家和地区存款保险制度的一项调查，当时全世界有 98 个国家和地区建立了显性存款保险制度，比 5 年前增加了 17 个，显性存款保险具有明显上升的趋势，另外有 83 个国家和地区实施隐性存款保险制度。在 98 个建立显性存款保险制度的国家中，有美国、日本、德国、英国、法国等发达国家，也有贫困的非洲国家，如中非共和国、乌干达等。

采取显性存款保险制度的国家数量随着居民收入水平的上升而增加，在低收入水平的国家和地区中仅有16.39%采用显性存款保险制度；在中低收入水平的国家和地区中有58.82%采用显性存款保险制度；在中上收入水平的国家和地区中有60.71%采用显性存款保险制度；在高收入水平的国家和地区中有75%采用显性存款保险制度。到2011年3月，世界上已有111个国家和地区建立了显性存款保险制度。

从世界上已建立显性存款保险制度的国家和地区来看，存款保险机构可以是政府机构，即由政府建立和管理；也可以是民间机构，即由商业银行或银行业协会自己建立和管理；还可以是一种混合形式，即由政府和商业银行或银行业协会共同建立和管理。

中国的存款保险制度也经历了从隐性到显性的蜕变，这与我国的经济发展形势密切相关。改革开放前的中国实行的是计划经济，中华人民共和国成立后银行体系内只有中国人民银行一家银行，兼顾货币发行、金融管理和存贷款等业务。与时代背景相适应的金融体系也具有相近的高度集中统一的特征，金融业务几乎全部属于计划范畴。直到1978年改革开放之后，存贷款等业务才从中国人民银行剥离出来，中国人民银行的央行职能得到确立和保证。随着市场化改革的不断推进，中国形成了以中国人民银行为领导、四大国有银行为主体、多种金融机构并存的银行体系。结合中国历史发展情况，隐性存款保险是当时中国的最优选择。中华人民共和国成立之初，中国处于"短缺经济"时期，银行和企业几乎没有倒闭的风险。即使进行了一系列的改革，我国的金融市场化水平依然较低，股权债权等金融市场需要进一步发展，金融工具匮乏，而政府通过银行体系直接调控经济，干预信贷资金流向，效果更为显著，有力支持了国家政策的实施。政府与银行之间关系密切，公众自然而然地将四大国有银行的信誉等同于国家信誉，并且也从过去的实践中发现政府会对其他银行施以援手，存款可以得到全额偿付。因此隐性全额存款保险使得银行（尤其是国有大型银行）能够维持充足的流动性，在一定程度上保障了金融体系的稳定，对中国经济的发展做出了贡献。

与欧美国家相比，中国直到近年来才开始适用显性存款保险制度，而长期使用隐性存款保险制度，很大程度上也是因为商业银行的国有属性，实际上由政府为其信誉背书，中国的银行业法律法规过去也为储户提供了一定程度上的宽慰。例如，《储蓄管理条例》规定："国家保护个人合法储蓄存款的所有权及其他合法权益""中国人民银行经国务院批准，可以采取适当措施稳定储蓄，保护储户利益"。《商业银行法》规定："商业银行应当保证存款本金和利息的支付，不得拖延、拒绝支付存款本金和利息。"该法进一步规定："商业银行破产清算时，在支付清算费用、所欠职工工资和劳动保险费用后，应当优先支付个人储蓄存款的本金和利息。"中国隐性存款保险制度由保守审慎的法规和事前监管组成。

随着市场化改革的不断深入，隐性存款保险制度越来越难以满足中国金融市场的需求，其弊端日益凸显。第一，隐性存款保险制度缺乏明文规定的强制性保障。隐性存款保险制度没有相应的法律支持，无章可循，实施援助主要依赖政府和央行对当时情况的判断，临时商讨应对方案，具有较大的随意性和不确定性，对存款人的保护力度较弱。再加上隐性存款保险只能采用事后弥补的方式处理问题，无法及时地防范和化解金融风险。第二，采用隐性存款保险制度付出的代价是巨大的。代价包括但不限于货币政策独立性的让步、道德风险的诱发、财政压力的增加等。中国隐性存款保险制度的执行主要有两种方式：一种是地方政府注资和央行"最后贷款人"救助，如在海南发展银行破产事件中，破产银行得到了中国工商银行的接管，以及中国人民银行给予的40亿元的补助；另一种是国家财政支持银行改革，如成立对应的资产管理公司，帮助四大国有银行剥离不良资产，解决国有大行资产状况不佳等问题。第三，隐性存款保险制度不利于银行体系的公平与发展。公众普遍认为，隐性存款保险制度更倾向于保障"大而不倒"的银行，大型国有银行在银行业中居于垄断地位，存款更加安全，因此资金大量流入这些银行。这限制了中小银行的发展，阻碍了金融市场的公平竞争。而且大型国有银行在隐性担保制度的庇护下，可能会使风险不断积累、创新能力减弱、金融服务效率低下，加上外部竞争压力和内部发展动力不足等严峻挑战，长此以往不利于中国金融市场的发展。

20世纪90年代，中国就尝试通过建立显性存款保险制度来保护储户利益。1993年，《国务院关于金融体制改革的决定》首次提出建立存款保险的设想。1997年中国人民银行成立了存款保险课题组，并于2005年草拟了《存款保险条例》，存款保险制度的推进工作开展得如火如荼。但不久之后受到金融危机的影响，相关工作一度被搁置。金融危机过后，国家再次将存款保险的建设工作提上日程。2012年年初，第四次全国金融工作会议提出了拟定和出台存款保险制度的相关建议。2013年，党的十八届三中全会提出"建立存款保险制度，完善金融机构市场化退出机制"，次年央行就发布了《存款保险条例（征求意见稿）》。在萌生意愿之后的10多年间，中国不曾停歇对存款保险制度的深入研究和探索，终于在2015年3月31日随着国务院正式公布《存款保险条例》（同年5月1日起实施），具有中国特色的存款保险制度呱呱坠地。这是经过科学规划、严谨求证后推行的政策，也是中国经济发展的必然选择。此后的数年间，政府也不断对该制度进行调整、完善，使其尽可能地满足金融发展的需要。2019年5月24日，存款保险基金管理有限责任公司正式成立，由中国人民银行完全持股，实现了中国存款保险基金的专业化运作。2020年11月28日，央行授权参加存款保险的金融机构全面启用存款保险标识，让更多的储户了解存款保险，识别参保机构。与很早之前就建立了显性存款保险制度的国家相比，中国显性存款保险制度起步较晚，处于初级阶段。目前制度设计也有待完善，实施过程中存在的问题还需要不断优化解决，细化内容的步伐不能停滞，实现制度的完善任重道远。

3.1.3 限额存款保险制度与全额存款保险制度

目前，大部分国家提供的直接承保范围和金额都是有限制的，即实行的是限额存款保险制度。还有一些国家在正常时期实行限额存款保险制度，而在出现金融危机时，也会采用临时性的直接全额承保制度（即全额存款保险制度或无限存款保险制度），如日本、韩国、墨西哥、土耳其等。

从日本等国家的历史实践经验来看，全额保险制度作为应对金融危机的临时性措施有其不可替代的优势，它可以避免系统性金融危机的爆发与扩大，并且使政府有充足的时间处理存在问题的金融机构，从而在一定程度上减少金融机构倒闭的可能，维护国家金融稳定，提振存款人信心等。但往往在金融危机过后，会从全额存款保险制度恢复到限额存款保险制度，这是因为全额存款保险制度也有其自身的缺点：

一是全额存款保险制度相对容易引发道德风险，抑制市场约束功能。这里所说的道德风险分为存款者和银行两个维度。存款者的道德风险是指由于有存款的全额保险，存款者失去了对银行审慎经营的监督动力，存款时不考虑银行的经营状况。银行的道德风险是指，在全额保险的支撑下，银行对经营风险的控制能力减弱，并倾向于开展收益高、风险大的业务。与此同时，经营不善以及支付困难的银行在存款全额保险的支持下得以继续维持经营，这就阻碍了问题银行的正常退出，削弱了市场的约束功能。这使得存款保险机构分担了存款者和银行的风险，风险的积聚甚至会给系统性金融风险的爆发埋下隐患。

二是全额存款保险制度增加了社会成本，政府对金融机构的扶持和大量的资金援助不公平地由纳税人承担。资金的注入在一定程度上缓解了金融危机，减轻了金融体系的动荡，但往往也加重了财政和纳税人的负担。

三是导致健康发展的金融机构在竞争中处于不平等地位，从而激励金融机构从事高风险业务。经营不善以及支付困难的问题银行更倾向于通过高利率来吸收存款，进行高风险的投资来获得利润，这会给健康发展的金融机构带来不利于发展的竞争环境，并倒逼健康发展的金融机构从事高风险业务，从而增加了整个金融系统的风险。

在全球已经建立存款保险制度的国家中，绝大多数采取的都是限额存款保险制度。限额存款保险相对于全额存款保险具有一定的优势，具体如下：

一是能够在最大程度上保护小额存款人的利益，尽量避免存款保险制度对市场的抑制。制定存款保险额度上限既有利于保护小额存款者的利益，又因为减少了对大额存款人的存款提供的保险金额而有利于激励大额存款人对银行进行有效监督，保留来自大额存款人的市场约束，这也相应地减少了存款保险制度引发的道德风险。

二是合理的存款保险限额也是保证存款保险制度最大化发挥其应有作用的关键。过低的存款保险限额不能在金融危机中提供必要的保护，达不到存款保险的基本目标，即维护存款人信心和利益，稳定金融市场秩序；而过高的存款保险限额不仅不利于存款人对银行的监督，而且会诱导银行涉足高风险业务，这就加大了存款保险机构的风险和损失。

但是从全额保险到限额保险的转换需要把握好时机。存款的限额保险往往会给金融市场带来一些扰动，具体表现为：一是增加了银行的经营压力。大量存款可能会由定期转为活期，这就增加了金融机构为受保存款缴纳的保险费，且活期存款等流动性存款的增加限制了银行长期放贷的能力，对银行的盈利产生了一定的压力。二是不利于中小金融机构的发展。大型金融机构吸收了大量存款，导致中小金融机构流动性不足，这不利于维护整个金融系统的稳定性和完整性。

根据国际货币基金组织的相关研究，理想的存款保险限额应占全部存款账户数目中的相当高比例，但只占全部银行存款总量的一个相对较小的比例。从全球各个国家的实践经验来看，通常可行的标准是保险的存款账户数覆盖全部存款账户数的90%左右，保险的存款量占整个银行体系存款的40%左右。有些国家为了鼓励大额存款人和有经验的债权人监测和约束他们的存款银行，一般都会设立非常低的承保限额。一些有经验的存款人会要求业绩不良的银行提供高存款利率以补偿他们要承受的高风险损失，通过这种方法对银行施加压力。国际货币基金组织以人均GDP全球平均数作为估计存款保险制度中保险限额的大约标准，发现人均GDP低的国家和地区的承保额要高于人均GDP高的国家和地区。在限额存款保险制度中，到底这个额度限制在多少合适，一般认为各国根据自身的具体情况和经济发展形势来调整。通常，当GDP增长或通货膨胀率升高时，保险额也可随之上调。在建立存款保险制度初期，由于需要时间积累基金，保额比例可设定得非常低。但是当保险基金规模扩大后，保额比例就可以相应地提高了。

3.1.4 单一费率存款保险制度与差别费率存款保险制度

存款保险费率是存款保险制度的核心，存款保险费率分为单一费率和差别费率。

单一费率也称固定费率，是指不考虑投保机构的风险等级，对所有的投保机构实行统一费率，其最基本的优点是计算和管理相对简单。大部分建立存款保险制度的国家都曾经采用过单一费率[①]。在单一保险费率制度下，由于无论银行风险高低都要支付相同的保费，因而这一制度实际上造成了高风险的银行将风险向经营稳健的银行转移，这会增强银行采取高风险行为的动机，形成道德风险。

差别费率也叫基于风险调整的差别费率，是指保费的征收与投保金融机构的风险挂钩，保费依据投保机构的风险程度来制定。风险越大费率越高，风险越小费率越低。这种以风险为基础定价，不同风险程度的存款机构实行不同的保险费率，对那些从事风险性较高活动的银行征收比从事风险性较低活动的银行更高的保险费率，改变不分具体风险情况对任何银行征收统一保险费率的做法，从制度上促使银行从事稳健经营活动。按风险程度调整存款保险费率，一方面鼓励了经营稳健的存款金融机构，并在一定程度上阻止其他存款机构从事高风险业务活动；另一方面改善了存款保险制度的公平程度，更好地发挥存款保险制度的功能。所以，一些国家对原来实行的单一保险费率制进行改革，如美国由原来的单一费率制过渡到"与风险联系"的差别费率制，根据投保银行的资信风险等级确定相应费率。虽然单一保险费率模式相对来说在管理上更加简单统一，但是基于风险调整的差别费率的思想已经深入人心。

[①] 如在2003年，实行单一保险费率制度的国家中，日本的费率为0.012%，加拿大为0.33%，德国为0.03%，瑞典为0.5%。

从实践的角度考虑，差别费率较有利于形成银行间公平竞争，促使银行不断提高经营管理水平，避免不恰当的冒险经营。以美国为例，1993年美国联邦存款保险公司决定根据风险程度调整保险费率，具体为：对于倒闭风险最小的存款机构，对其国内存款每100美元征收0.25美元的保险费；而对于实力最弱的存款机构，每100美元征收0.31美元的保险费，随着时间的推移，这一差距将逐渐拉大。如果这些实力最弱的存款机构未能改变其风险状况的话，其保险费每半年将提高一次，直到该机构风险状况得到改善。这样，一方面可以避免采用单一费率可能引发的道德风险问题，另一方面也能对投保银行的经营产生较大的制约作用，特别是对经营状况差、信用等级低的银行征收较高保费，就会加大这些银行的经营支出，由此倒逼其改善经营差的状况，提高资产质量，以争取降低保费，增强自身的市场竞争力。不同费率模式比较见表3-2。

表3-2 **不同费率模式比较**

类别	优势	劣势	典型国家	费率
单一费率	操作简单，有较强的实施性	不符合存款保险制度的正向激励原则	日本	一般存款为0.08%；特殊存款为0.11%
差别费率	体现公平，规避道德风险	对银行的风险评级提出较高要求	美国	分为九个档次

我国台湾地区对于存款保险费率的制定也有具体的实践经验。台湾地区于1982年出现"亚信"挤兑风潮，为了应对该危机，1985年1月9日台湾地区公布施行所谓的《存款保险条例》；4月，台湾地区成立"中央存款保险公司"（CDIC）；9月27日，"中央存款保险股份有限公司"正式开业，接受存款货币机构的参保。在存款保险费率的设

定方面，CDIC 刚开始实行的是单一费率制。随着台湾地区金融自由化和国际化进程的展开，存款机构的经营风险开始出现明显差异，单一费率制容易衍生道德风险并使存款机构承担高风险的问题开始显现。为使保费与风险挂钩，在各方达成高度共识、全面投保制度实施的条件下，1998 年开始实行风险差别费率制。

费率制度的选择是一个系统的工作，不能盲目地照搬别国和地区的经验，要根据自身具体情况来选择。差别费率制度能够弥补单一费率制度"激励扭曲"的缺陷，消除逆向选择和道德风险。在资源稀缺的社会中，好的制度能够提供一种正确的激励，促进资源的有效配置；不合适的制度则提供一种错误的激励，会导致资源的浪费。所以，要对制度及当下环境进行分析，制定适合当下形势的制度，提供正确的激励，实现有效率的资源配置。实施差别费率的目的在于通过提供一种正确的激励机制，使银行避免从事过度的风险活动，消除逆向选择和道德风险。同时，保证更加公平的定价机制，避免银行间的交叉补贴。

3.2 存款保险制度与风险的关联分析

完善存款保险制度是深化金融供给侧结构性改革的制度保障，是实施金融安全战略的关键举措。《中华人民共和国国民经济和社会发展第十四个五年规划和 2035 年远景目标纲要》明确提出："完善投资者保护制度和存款保险制度。"存款保险制度的功能在于防范和化解金融风险并维护金融稳定，它与中央银行最后贷款人职能和审慎监管职能一起共同构成现代金融安全网。正因如此，我们需要更加关注存款保险制度本身所面临的风险，有效规避这类风险才能更好地发挥存款保险制度的功能。

3.2.1　存款保险制度所面临的风险类别

根据国际上现存的各种存款保险制度的实施情况，总体而言，我们可以认为存款保险制度所面临的风险包括银行经营风险（投保人财务风险）、保费缴纳风险、道德风险和逆向选择、国际金融市场风险。[①]

1）银行经营风险（投保人财务风险）

现今，随着各国相继进行银行体制改革，相关保障制度越来越完善。但存款者将自己的资金存入银行后，仍然会密切关注其存款的安全。如果存款者的资金安全得不到保障，他们就会将存款资金进行转移或从银行提出，将现金持有在手中，从而形成挤提现象，危及银行和整个金融体系的安全。而存款保险能够通过提供在银行破产倒闭后对存款者的存款进行补偿的担保，从而给存款者提振信心，改变存款者的行为模式，以确保金融秩序的稳定。因此，存款保险的产生是以银行破产风险的存在为前提的，而银行破产风险的客观存在又是由银行的经营特点所决定的。

银行经营风险主要包含以下几种类型：信用风险、市场风险、操作风险和流动性风险。信用风险，即借款人违约、银行不能收回贷款本金和利息的风险，是银行面临的主要风险之一。为了降低这类风险，银行需要在识别资产风险的基础上对资产进行风险定价。市场风险则涉及因市场价格（如利率、汇率、股票价格等）波动而导致损失的风险。这类风险的存在是由于商业银行的业务涉及金融衍生工具交易、证券投资等活动，标的资产的市场价格波动会直接影响其收益。

[①] 当然，除了这几种风险外，还有代理风险、法律风险等，但这些风险存在范围较窄，仅存在于特定存款保险制度中，所以本书不再提及。

操作风险是指由于内部管理疏漏、人为错误、系统故障或外部事件等因素导致的损失风险。流动性风险也是商业银行面临的重要风险之一，指的是银行在短期内无法以合理的成本筹集足够的资金以满足其支付义务的风险。

在银行经营过程中，其破产的风险主要来自银行资产负债流动性的不对称和银行的高负债经营。银行集无流动性的（贷款）资产和高流动性的（存款）负债于一身，这种特点容易使银行陷入流动性危机，进而导致被挤提，甚至引起破产倒闭。同时，商业银行的资金来源主要由自有资本、存款负债、非存款负债三部分构成。一般工商企业的自有资本通常要占到其资产总额的50%以上，资本是工商企业维持生产经营的主要物质条件和支撑力量，而商业银行的自有资本在总资产中只占很低的比例。加之存款保险制度的存在要求参保银行每年缴纳保费，也使银行经营过程中的成本无形加大，进而加大经营风险，而银行的经营风险又会逐渐转移给存款保险制度的保险人（存款保险机构）。

总的来说，商业银行经营风险是指在商业银行经营过程中，由于不确定性因素的影响，银行实际收益偏离预期收益，从而产生财务风险导致遭受损失或不能获取额外收益的可能性。因此，对于银行而言，如何有效识别并防控这些风险，是其经营管理中的重要内容。

2）保费缴纳风险

存款保险是一种金融保障制度，保险费是存款保险制度中的一项重要因素，用以保证保险基金管理机构具备足够的财政能力。值得注意的是，个人不需要缴纳存款保险的保费，而由投保的银行业金融机构自行缴纳。这些存款机构作为投保人按存款的一定比例缴纳保险费，建立存款保险准备金。当成员机构发生经营危机或面临破产倒闭时，存款保险机构会向其提供财务救助或直接向存款人支付部分或全部存款，从而保护存款人利益、维护银行信用、稳定金融秩序。根据我国《存款保险条例》第十条的规定，投保机构（如银行）应当缴纳的保费，是按照该投保机构的被保险存款和存款保险基金管理机构确定的适用费率计算的。具体的办法由存款保险基金管理机构来规定。固定保险费率方式在实践当中没有统一的标准，此种制度不考虑被保险银行所面临的风险规模和风险频率，为银行投资风险更高的项目注入了更多动力，但往往也能造成财政资源的浪费和经济效率的低下。基于市场导向的方法是风险调整保险费率方式，该方式促使银行对某些高风险活动更为谨慎。理论上，应采用风险差别费率制度，并结合激励兼容因素和风险敏感因素，从而使存款保险的保费与被保险银行所传递的风险等级相一致。然而，由于存在评估银行业风险等级的技术性困难，因此制定风险调整保险费率具有挑战性。

各国的保费收取方式不同，有的不规定具体的保险费率；有的平时不对投保机构收取保险费，只有在银行倒闭之后才筹集必要的资金偿付存款人，如比利时、荷兰；有的则采取固定保险费率，规定了最低和最高保险金额，如日本。上述第二种做法使保险费的收取存在很大的风险，倒闭后的银行对存款人的支付都无能为力，更谈不上支付保险费。第三种的固定费率制无法体现各银行风险管理水平的差别，统一征收违背了公平原则，同时也不利于银行的风险管理。这些制度给保费的缴纳带来了一定的风险。

一方面，金融体系中各银行风险管理水平存在差距，不同银行所面临的风险损失概率也不同，风险损失大的银行会积极参加存款保险，而风险损失小的银行则不情愿。另一方面，有的银行明知自身面临着很大的风险，但为了节约保费而不参加存款保险。以上两个方面都影响到存款保险机构经营的基础——概率论和大数法则，已经参保的银行可能由于自身面临风险的增大而拖欠或不再缴纳保费，最终使存款保险机构收取保费的数额减少，进而会让机会损失加大。

3）道德风险和逆向选择

道德风险主要分为两个部分，一是银行存款人的道德风险，二是投保商业银行的道德风险。

一方面，存款保险制度下存款保险管理机构为银行提供了存款资金保护，就算银行倒闭，存款人也会获得赔付（如我国存款保险制度规定上限为50万元）。这就容易使存款人产生"有恃无恐"的心理，特别是在利率市场化实现以后，他们往往选择高利率、高风险的商业银行进行存款，而忽视其真正的业务状况、风险状况，理性评估存款机构经营能力的意识减弱，放松对银行的考察与监督。同时，存款保险制度的宣传与落实仍有不到位之处，依然有存款人对存款保险制度不了解，加之信息不对称、披露滞后等因素的影响，市场上稍有风声就容易产生谣言和社会恐慌情绪，从而发生挤兑，无法发挥存款保险制度应有的作用。

另一方面，由于有存款保险基金管理机构保障存款人的权利，防止大规模挤兑现象的发生，因此银行会期望经营高收益、高风险的业务，从而风险意识降低，或忽略随之而来的经营风险以追求利益最大化，放弃风险评估与监测的职责，弱化风险约束机制。在风险逐渐累积的情况下，银行将风险转移给存款保险基金管理机构，从而给存款保险基金管理机构造成负担，导致存款保险制度的道德风险和逆向选择。

存款保险机构为获取利益或在面临资金不足等问题时，往往会忽略投保商业银行的经营风险，银行倒闭时无法及时提供资产保护。同时，存款保险机构面临逆向选择的问题，大量经营不良的银行投保涌入，容易将资产优良的银行拒之门外。虽然我国实行差别费率政策，但逆向选择依然是存款保险机构需要重点关注与防范的问题。

当存款人的存款受到全额保障时，存款人不再考虑选择哪家金融机构存款，也不再有动力去监督、约束自己存款的那家金融机构。在现实中，金融管理机构常常把倒闭银行的存款转到另一家金融机构，或者对将要倒闭的银行进行并购，以此解决危机。此时存款人的利益没有受到损失。在这种情况下，由于不会发生存款人挤兑现象，因此银行也没有压力，但今后面临的风险可能会更大。

有的道德风险可能表现为存款"搬家"，即储户考虑到自己的存款已经受到保护，而会选择那些利率较高却经营脆弱的银行；而银行高管人员又认为银行倒闭不会为存款人带来很大损失，因此更加倾向于追求高风险及高收益，减少其资本金和流动性储备。不仅如此，有了存款保险制度后，借款人倾向于从稳健性较差的银行借款，而不从稳健的银行借款，因为这样就可以在银行资不抵债时延迟清偿和还款。

同时，存款保险制度变相地鼓励银行铤而走险，它刺激银行承受更多的风险，鼓励银行的冒险行为。因为银行一旦遇到麻烦，存款保险机构会挽救它们。特别是当一家银行出现危机而又没被关闭时，其所有者便用存款保险机构的钱孤注一掷，因为这时全部的风险都由承保人承担。这样，那些资金实力弱、风险程度高的金融机构会得到实际的好处，而经营稳健的银行则会在竞争中受到不公正的待遇，从而给整个金融体系注入了不健康、不稳定的因素，增大了银行体系的经营风险。这与建立存款保险制度的初衷是背道而驰的。

4）国际金融市场风险

由于各种事先无法预料的不确定因素带来的影响，国际金融市场在运行过程中有时会产生一定的风险，因此参与主体的实际收益与预期收益会产生一定的偏差，从而具有蒙受资金损失的可能性以及获得额外收益的机会。当前国际金融市场风险犹存，主要风险源包括美欧金融机构爆雷、美欧经济深度衰退、境外股票市场过热、日本货币政策转向以及大宗商品价格波动等，并可能对国内金融市场主体、金融资产价格以及经济基本面等形成冲击。

金融创新、金融自由化和全球化趋势的快速发展推动了国际银行业的进步，但同时也形成了巨大的潜在风险，给各国金融监管机构实施持续监管带来了严峻的挑战。特别是20世纪80年代以来，诸多历史悠久、实力雄厚的大银行相继倒闭，而一家银行或金融机构倒闭会引发多米诺骨牌效应，产生第二次波及效应和一连串银行倒闭的"第三者效应"。建立在持续基础上的监督和评估银行的新方法和新程序——存款保险制度也同样会遭受国际金融市场风险的影响，具体可以细分为两个方面：一是各国的银行本身的经营风险在经过国际金融市场传递后，最终将资产损失的风险转嫁给了存款保险机构；二是存款保险制度本身在运行过程中出现的风险在步入国际市场后进行传导。这种影响还可能表现为在国际金融体系的风险告一段落后，为应对风险过后的市场环境，可能会放缓一些相关制度的建设和改革工作。现今国际金融业正在加大金融深化与开放程度，经济的货币化、金融化、自由化程度不断提高，金融的风险累积也会随之增多，公众储蓄存款损失的概率也就加大，监管者必须对这种潜在的国际金融市场所带来的风险做到心中有数。同时，相关部门也需要持续开展存款保险宣传工作，进一步提升相关从业人员和社会公众对存款保险制度的认知，提高机构及个人的风险意识，提升及时防范化解金融风险的本领，切实使存款保险制度在国际金融风险中受到的负面影响最小。

3.2.2 不同存款保险制度与风险的关联分析

纵观全球各国存款保险制度实施和发展的情况我们不难看出，该制度的建立并非像人们之前设想的那样可以杜绝一切金融风险的发生。实际上，存款保险制度根据其实行方式的不同也会面临不同的风险因素，同时，产生的风险对存款保险制度的影响程度也有所不同。

1）自愿、强制存款保险制度与风险分析

（1）自愿存款保险制度所面临的风险。由于自愿存款保险制度允许金融机构自行决定是否参加存款保险，所以采用自愿投保的方式可能会面临比较严重的逆向选择问题。并且，保险作为一种重要的金融产品，是建立在大数法则基础上的，在自愿投保的情况下，如果没有足够多的成员，存款保险体系就难以正常运行，存款保险制度本身所面临的风险会更大。自愿投保制度给予银行自由选择的权利，但也有可能使银行采取投机的做法，根据经济形势和自身风险的大小来选择是否投保，这样不利于存款保险制度发挥其应有的功能。所以，自愿存款保险制度的风险主要是逆向选择和投保金融机构的财务风险。

（2）强制存款保险制度所面临的风险。在这种存款保险制度下，不管金融机构是否愿意，都必须参与到此制度中来，以便在发生各种危机时能够及时将风险转移。很明显，强制存款保险制度为自身带来了一个很大的风险隐患，那就是不管这家金融机构经营状况如何，也不管其是否有能力缴纳保费，都强制要求对方成为会员，受到保护。如果这家金融机构本身存在问题，强制存款保险制度会使得保险管理机构负担加重。当然，如果问题金融机构数量不多、规模不大，强制存款保险制度下的保险机构也是能够承受的，但一旦发生全球性系统金融风险，强制存款保险制度就会因防范国际风险冲击的能力较弱而面临前所未有的风险。因此，强制存款保险制度主要面临的是道德风险、保费缴纳风险和国际金融市场风险。

整体而言，自愿存款保险制度和强制存款保险制度对保险机构来说都会存在风险，但强制存款保险制度的风险程度明显比自愿存款保险制度要低，而且对一国金融的稳定运行更为有利，保障程度也更高。

2）隐性、显性存款保险制度与风险分析

（1）隐性存款保险制度所面临的风险。在隐性存款保险制度下，由于银行管理层预期在银行发生危机时，政府会提供援助，且解决风险的成本大部分会转嫁给政府及公众，因此在决策时会偏向于过多地开展高风险业务。这不利于银行的稳健运行，容易引发道德风险。它强化了金融机构的"道德风险"动机，具体而言，无论是小额存款人还是大额存款人，在选择开户银行时都不会过多关注它们的风险状况，从而导致存款人"用脚投票"的机制失灵，使银行等金融机构因缺少存款人的监督，进一步导致经营风险的增加。同时，由于有政府的后备援助，隐性存款保险制度一定程度上也隔断了银行资金运用收益和资金筹集成本之间的制衡关系，从长期来看，会给存款保险机构带来保费缴纳的风险，所以，隐性存款保险制度所面临的风险有道德风险、银行经营风险和保费缴纳风险。

（2）显性存款保险制度所面临的风险。从国际上各国的历史实践经验来看，显性存款保险制度要优于隐性存款保险制度，这也是世界上绝大多数国家都先后从隐性存款保险制度转变到显性存款保险制度的原因，但这并不意味着显性存款保险制度就不存在任何风险了。由于显性存款保险制度建立了专业化机构，可以迅速、有效地处置有问题的银行，明确银行倒闭时各方的责任，因此一般可以较好地规避银行经营风险和保费缴纳风险。但也正因为有专业化机构的操作，机构的专业化程度和操作水平高低会对存款保险制度的效果产生不同的影响，形成操作风险（有些机构会形成代理风险）。同时显性存款保险制度有明确的法律规范，法律规范往往对实际情况的反映会稍有滞后，所以会形成一定的制度风险。当然，显性存款保险制度也不可避免地会带来投保银行的逆向选择。

从全球存款保险制度的发展状况可以很明显地看出，隐性存款保险制度给一个国家带来的风险隐患要大于显性存款保险制度，在金融体系发生危机时，隐性存款保险制度很难起到事先预防的作用，其造成的风险伤害程度也高于显性存款保险制度。

3）全额、限额存款保险制度与风险分析

（1）全额存款保险制度所面临的风险。从理论上说，要防止系统性挤兑，维护金融系统的稳定，实行全额存款保险制度是更为有效的。但全额存款保险会带来较为严重的道德风险问题，受保护的银行会倾向于从事高风险、高收益的经营活动。另外，由于许多国家在存款额度上也存在"二八"现象，因此实行全额赔付会更加弱化大额存款者对银行的监督与激励，也容易造成广大中小存款者"搭便车"的行为。同时，实行全额存款保险制度的保险基金规模非常大，在真正发生赔付时的成本也非常高，这为保险机构带来了经营风险。

（2）限额存款保险制度所面临的风险。限额存款保险由于提供的直接承保范围和金额都是有限制的，这可以减少存款人为获得高额利息收入而进行逆向选择的风险，让投保银行在经营过程中加强风险防范，防止风险在系统内传导。限额存款保险中赔付额度的确定往往会比较困难。具体来说，如果赔付额度确定得过高，虽然保证了居民存款的安全，但是会给存款保险基金带来沉重的压力，最终这个为了避免道德风险的制度设计也不能充分发挥其作用；赔付额度如果确定得过低又会损害中小储户的利益，引起金融体系乃至整个社会的动荡。另外，正是由于承保范围和金额的限制，这部分限额可能会受到通货膨胀的影响，进而影响到存款人的信心。所以，限额存款保险制度也会面临保险机构本身经营状况的风险，受到投保银行的逆向选择和通货膨胀的影响。

4）单一费率、差别费率存款保险制度与风险分析

（1）单一费率存款保险制度所面临的风险。单一费率存款保险制

度的最大弊端便是容易诱发银行道德风险。如美国的 FDIC 在成立后的很长一段时间内都实行单一费率制，监管职能和接管清算职能则是 FDIC 作为保险人功能的必然延伸，由于各投保机构的风险偏好情况不同，单一费率制在一定程度上助长了银行的冒险行为，这也是美国20世纪80年代发生银行危机的重要原因之一。同时，单一费率制可能会出现因太过"公平"而导致不公平的问题。由于存款保险机构和投保银行之间存在信息不对称的问题，单一费率制很容易导致"逆向选择"问题，因此该制度无法反映投保银行转嫁给存款保险机构的风险情况，投保银行不需要增加额外的存款保险成本，就可以为了追求高收益而提高其投资组合的风险，这导致的最终结果是，单一费率制度可能会变相鼓励投保银行接受额外的投资风险，除非存在某种形式的金融惩罚机制来约束该行为。

（2）差别费率存款保险制度所面临的风险。差别费率存款保险制度有助于弥补单一费率制度的部分缺陷，但是该制度也有其不足之处。首先，信息成本的约束是信息完整性的瓶颈，信息成本如果过高，使得信息收益和成本不匹配，即使信息量充分，也是没有意义的。其次，该制度对信息的要求使得存款保险机构面临既重要又不易解决的难题——是要求投保银行对外披露其风险信息还是出于保密的目的限制其信息的公布。最后，信息密集的本质使得风险管理成为一项复杂的任务，这也导致实行差别费率存款保险制度存在一定的难度。所以，实行差别费率存款保险制度的主要问题集中于信息收集过于复杂、操作成本高且定价比较困难等方面。这些问题的存在，使得实行差别费率存款保险制度仍然会面临银行经营风险、保费缴纳风险和道德风险等问题。

当然，单一费率制下的公平问题和助长投保银行的冒险行为问题，在实行了差别费率制后得到了较好的解决，"逆向选择"的问题也随着各投保银行因本身的经营状况不同所缴纳保费的不同（即投入成本的不一）而得到解决。所以一般认为差别费率存款保险制度在风险防范方面要优于单一费率存款保险制度。

3.3 存款保险制度风险成因分析

3.3.1 保险双方的信息不对称

所谓"信息不对称"，是指在市场交易中，买卖双方掌握的信息不同，一方掌握了更多的信息，而另一方掌握的信息则相对较少甚至没有。在这种情况下，掌握更多信息的一方会处于更加有利的地位，而另一方则可能会遭受损失。这种情况在市场经济中比较常见，如二手车市场、保险市场等。保险市场是一个典型的信息不对称市场。理想的情况是买者和卖者都具有对市场的完全知识，但现实中，潜在的保险购买者往往比保险公司具有更多关于个人损失倾向的信息，这导致市场存在严重的信息不对称。

由于潜在的保险购买者拥有更多的私人信息，他们可能会选择那些看似价格低廉的保险产品，但实际上这些产品可能并不适合他们，这种行为被称为逆向选择。逆向选择的直接后果是保险公司无法针对不同类型的风险标的确定相应的合适的保险费率。道德风险则是指当一方无法被另一方完全监督时，他可能会做出不利于另一方的决策。在保险市场中，被保险人在购买了保险后可能会改变其行为，因为他知道如果发生损失，保险公司会承担一部分或全部的损失。为了应对这些问题，保险公司采取了一系列策略，如调整保险费率、设定免赔额和使用再保险等。但需要指出的是，信息不对称的问题及其带来的代理问题是保险公司经营管理中永远的挑战。

存款保险制度中的信息不对称，是指参加存款保险的银行对其自身的包括风险状况在内的有关信息的了解肯定比存款保险机构多，因而影响存款保险机构做出准确决策。在存款保险制度下，交易的一方对另一方了解不够充分，导致存款保险成本上升，保险机构的资产风险增加，降低了市场的运作效率。信息不对称的存在通常会产生逆向选择和道德风险[1]。逆向选择是在交易之前发生的信息不对称问题，道德风险是交易之后发生的信息不对称问题。尽管存款保险制度实施已久，但不少人对存款保险的认识还不够深刻，存款保险意识也较淡薄。在没有实行存款保险制度时，在他们以往的存款经验中，为了保障自身的资金安全，对于银行的经营状况比较关注，这实际上发挥了对银行的监督作用。而在存款保险制度下，人们往往放松了警惕，更容易陷入不法资金体系中，使得资金安全受到严重威胁。没有树立正确的存款风险意识，才会为不法分子提供可乘之机。

3.3.2 银行"市场惩戒"和"公众监督"的缺失

市场是一只无形的"手"，在市场经济条件下，作为市场中较为特殊的金融机构——存款银行也一样受到这只"手"的管制和规范。但由于市场不是万能的，也会有"市场失灵"的时候，因此许多原本靠市场自发性来实行市场退出机制的国家，此时就会产生"市场惩戒"的缺失。就公众而言，在对待自己的存款这一问题上，只要是理性人，就必然会或多或少地对银行经营进行关注和监督，但监管制度保护、监管放松和金融自由化以及信息不充分对称，或公众思想及观念的滞后往往都会导致"公众监督"的缺失。而在存款保险制度建立

---

① 在经营状况恶化时，银行可能会隐瞒这方面的信息，而在存款保险机构了解到信息以后，问题银行可能已经成为存款保险制度的成员，甚至已经发生亏损了，在这种情况下，存款保险机构的运营成本会增加。

的情况下，银行"市场惩戒"和"公众监督"的缺失势必会造成银行的经营风险，并进一步将风险转嫁到存款保险机构，形成了存款保险自身无法规避的风险。

长期来看，市场监管措施还不够完善，存款风险因素仍存在，相关监管部门对存款的风险监管力度还需要进一步加强。针对存款保险制度的实施，一些地区并没有做好相应的保障措施，对非法集资、不良资产的监管不力，造成投资者不能及时识别风险，带来存款投资的失误，从而受到利益损失，也对金融市场的稳定发展产生不利影响，这些都是监管体制不完善造成的。

3.3.3 投保人自身风险管理的失误

作为存款保险制度的投保人，银行具有一定的内在脆弱性，会使银行自身产生制度上的缺陷，容易积累风险，并导致银行经营失败。各家投保银行在经营过程中对风险管理方法的运用有国际上通用的，也有根据自身情况来设置的。但不管什么样的风险管理方法在运用过程中难免有失误的时候，如有时会存在错误的风险管理理念、不健全的风险管理架构和单一的风险操作手法。有的失误可能仅仅影响到当年的业绩和数年的财务状况，但有的失误可能会导致银行破产倒闭，如英国历史最悠久的银行之一巴林银行的倒闭、美国印地麦克银行（IndyMac Bank）的倒闭等。这些由于投保银行自身风险管理的失误造成的损失势必会影响银行财务指标，加大存款保险的风险，进而形成存款保险机构的保费缴纳风险。

金融机构也往往会因为存款保险制度的存在而逐渐淡化风险意识，这增加了风险发生的概率。在存款保险制度下，当银行在经营中出现问题无法给予存款人及时的赔付时，中央银行会发挥职能，帮助其渡过难关，这在一定程度上维护了银行的信用，保障了银行的资金流通，使其稳定发展。但是，这也会导致银行对于自身的风险认识不足和疏于监管，因为风险发生后并不会给银行造成无路可退的局面，从而放松警惕，这反而会增加银行的经营风险。

3.3.4 金融危机的国际传导

在每次国际货币体系的重大变革中，一方面，金融危机的爆发是推动国际货币体系改革的契机和动力；另一方面，因改革不彻底导致国际货币体系仍存有的缺陷有可能为下一次金融危机的爆发埋下隐患。换句话说，金融危机是国际货币体系变革的导火索，而国际货币体系的缺陷也是金融危机爆发的根源。

1）金融危机对国际货币金融体系变革的推动作用

金融危机的发生对国际货币金融体系的变革具有重要的推动作用。从历史资料来看，在每次国际货币金融体系的重大变革之前，都会出现一个金融危机频发的高峰；同时，在各国实施金融改革之前，金融危机的发生也趋于频繁。相对应地，不彻底的国际货币体系改革留下的种种缺陷则会为下一次金融危机的爆发埋下隐患，又会催生下一次国际货币体系改革。

一是金融危机与货币制度安排的变革。国际货币金融体系为各国提供了一种具有灵活性和政府保护性的国际货币体系，为各国的经济和国际贸易的发展提供了有利的货币环境。然而，由于不同货币制度安排对全球经济的边际贡献递减，金融危机的出现将货币制度安排无法适应全球经济增长的潜在问题集中地体现出来，以此推动了国际货币金融体系的变革。

二是国际资本流动机制的变革。在国际货币金融体系中，"中心国"和"外围国"的地位差异决定了国际资本流动机制，促进了国际金融体系的发展。然而，随着国际资本流动加剧了全球国际收支的失衡，金融危机的出现成为国际收支失衡问题的集中体现。金融危机在国际资本流动层面推动了国际货币金融体系的变革。随着存款保险制度在全球的推广，对存款保险在维护银行业稳定方面的作用持怀疑态度的也大有人在，这主要是存款保险制度本身的风险导致的。而存款保险制度本身的风险的形成，其中一个重要的原因就是金融危机在全球的传导[1]。有关金融市场的传染效应似乎在学者中已经达成了共识，但是否在存款保险领域必然适用仍须进一步讨论。根据戴蒙德-迪布维格（1983）模型，存款保险制度虽然能解决银行挤兑问题，但同样不可避免地会受到传染效应的影响。Jacob Paroush（1988）将传染效应与银行系统的监督模型化，得出与戴蒙德-迪布维格稍微不同的结果，认为随着银行数量的增加，如果要使系统稳定，监督是必要的，且存款保险制度能在一定程度上降低传染效应，但同时被金融机构承担更大的风险的激励机制所抵消，以致监督的成本非常高，甚至高出传染效应所引发的预期社会成本。不管何种研究结果，随着金融一体化的发展，国际社会中的金融危机都会在传导过程中形成一定的国际金融市场风险，存款保险制度也不例外。

2）金融危机在国际货币机构改革中的作用

金融危机将国际货币金融体系在跨国合作方面的缺陷暴露出来，推动了对国际货币机构的改革。作为金融危机直接诱因的国际收支失衡推动世界各国在国际资本流动机制方面不断改革；金融危机还对国际货币金融体系下的金融监管改革产生了推动作用。在金融监管政策的相对稳定性与金融活动的创新发展的相互作用下，金融危机的出现使金融监管面临挑战，推动金融监管向更适应金融市场发展的方向不

---

[1]　如20世纪七八十年代，美国放松金融管制，大量银行破产，在存款保险资金不足的情况下，公众对存款保险机构失去信心，没有充分信息的存款人看到其他银行破产时，无法理性地判断其所关心的银行的清偿能力，只能以整个经济环境为依据。在这种情况下大规模的恐慌就发生了，并一直延伸到加拿大，使得加拿大存款保险机构也付出了一定的代价。

断演进。监管与创新的动态博弈过程贯穿了整个国际货币金融体系的发展历史。

金融危机的发生暴露了国际货币金融体系在跨国合作方面的缺陷，其对国际货币机构改革的推动力体现在解决国际合作中的"囚徒问题"方面。从理论方面来看，解决国际合作中的"囚徒问题"可以有三种方法。第一种解决方法是为国际货币体系制定通用的规则。如果能够建立合宜的规则，那么有规则的国际货币体系比无规则的国际货币体系更加有效，同时又可以保持一国的经济政策制定的独立性。但是，在规则的制定问题上，很难让所有国家都自愿接受同一个规则，如果一国有足够的谈判能力，那么就可能违反体系的规则。拥有霸权的国家具有制定规则的能力，同时也更能够有效地遵守这些规则。此外，随着国际货币体系的变化，体系内的国家不太可能完全遵守这些规则。第二种解决方法是国际谈判，这种机制可以使各国在规则制定和组织构建方面进行沟通交流。一般来讲，在国际机构所制定的规则面临崩溃时，国际谈判就可以发挥作用，这种方法的灵活性很大程度上使其充当了润滑剂的作用。第三种解决方法是创立新的国际组织。这种方法可以为国际谈判提供一个平台，也可以通过集权式的信息管理方法向成员国提供信息，以节省信息传递所产生的成本以及减少信息不对称所带来的负面影响。

3）金融危机在推动国际金融监管变革中的作用

回顾金融危机的历史，每次金融危机的发生都为国际金融监管的缺陷敲响了警钟。为了应对不断发生的金融危机，同时也为了预防未来可能出现的金融混乱，世界各国的监管当局在每次金融危机后都会弥补金融监管中的漏洞，对金融监管方法和范围进行改革。然而，在金融市场参与者追求利润最大化行为的推动下，金融体系随着金融监管范围不断变革而发生相应的创新发展，导致金融监管相对滞后的改革依然无法适应金融创新技术的迅速进步，新的金融危机再次促使金融监管进入改革的阶段。如此形成了金融危机对国际金融监管改革的循环推动作用。

由于银行业传统业务利润的降低和金融创新技术的长足进步，金融活动由银行的表内业务发展为以资产证券化为基础的影子银行业务。影子银行游离于银行监管体系之外，成功地规避了《巴塞尔协议Ⅱ》和各国相应金融法规的监管，成为积聚金融风险的主要体系。2007—2009年全球金融危机的爆发将影子银行体系的监管缺失呈现在政策制定者面前，并推动了金融监管的进一步改革。此次金融危机推动了《巴塞尔协议Ⅲ》的出台。《巴塞尔协议Ⅲ》区别于之前两版协议的重点在于将银行表外业务纳入监管框架，进而将缺乏监管却发展迅速的影子银行体系纳入了国际货币体系的监管范围之中。

3.3.5 监管机构的容忍与拖延

监管机构在对参加存款保险的金融机构进行监督管理的过程中，往往出于各方面利益的考虑，对存款机构的制度性规定和经营范围等方面逐步退让或给予容忍，对其处理也存在拖延现象，这是导致存款保险制度风险的又一重要原因。我们以对资本充足率要求的放宽和对存款机构经营范围的扩大为例进行说明：

1）对资本充足率要求的放宽

例如在出售资产的时候，通常使用通用会计原则（General Accepted Accounting Principles，GAAP）确认损失，所以，历史成本会计（相对于市场价值会计）使得银行可以出售相对于原始会计价值升值的资产，而保留那些贬值的资产，从而使亏损准备金最小化，避免破产。这样的操作被称为"增值交易（gain trading）"。

2）对存款机构经营范围的扩大

以美国为例，20世纪90年代，美国所有存款机构可以开立个人NOW账户和不规定利率上限的MMDAs账户，以及进行浮动利率抵押贷款，同时美国联邦储蓄贷款协会（FSLA）被允许经营信托服务、信用卡服务、消费信贷（不超过总资产的30%）、商业借款（5%）、商业房地产贷款（5%）、租赁（10%）以及公司或市政债券。尽管美国银行放松管制与当时其他产业放松管制的变化是一致的，但是，相关法案主要放松了对SLAS的管制，而没有同样放宽对商业银行的限制。我们可以看出，造成上述政策差异的原因是FSLA出现了金融恐慌，而商业银行没有。也就是说，作为公共政策制定者的国家倾向于用放松管制的方法拯救陷入危机的金融机构。

存款保险公司和其他监管者之所以会采取容忍和拖延政策，原因主要有以下三个：第一，它们认为金融机构倒闭是监管者的不良记录，认为在监管者关闭不良银行的时候，监管者自己也会受到批评和指责，于是监管者寄希望于能够重新获得偿付能力的银行。第二，监管者为了维护自己的利益而屈从于能够影响其前程的人，而这些能够影响监管者前程的人却往往代表着被监管者的利益。第三，多数监管者需要得到更多的资源履行其职责，但国家往往难以提供足够的资金。

4

金融危机与存款保险制度案例分析

4.1　墨西哥金融危机中保险人对存款保险制度的风险防范

发生在 20 世纪 90 年代的墨西哥金融危机，表现为比索汇率狂跌，股票价格暴泻，墨西哥国内居民对国家经济信心跌落到低点。这场金融危机震撼全球，危害极大，影响深远。20 世纪 70 年代墨西哥政府的高额负债以及 80 年代的经济危机，使墨西哥政府期望银行私有化能够提高金融系统的运行效率，同时从银行私有化中获得尽可能高的收益。但大规模的银行拍卖过后，墨西哥银行信贷总量大幅上升，1991—1994 年短短 4 年间上升了 1 倍，住房贷款则上升了至少 2 倍。然而贷款的快速增长并未伴随着存款的同步增长，在 1993—1995 年间，贷款增长速度超过存款增长速度 20%，其中的差额由银行间借贷尤其是外国银行外汇资金填补，这又为 1995—1997 年的银行危机埋下了伏笔。到 1996 年年末，墨西哥银行业公开的不良贷款总额、续期的不良贷款本金总额与承诺期票数额三者之和占到银行总贷款的 52.4%，银行体系风险加大。在 1994—1995 年的墨西哥金融危机中，政府错误的汇率政策，更加速了银行体系的崩溃，从 1995 年 12 月到 1997 年 9 月，墨西哥银行贷款利率与存款利率之差为负值，银行无法正常运作。

4.1.1　墨西哥金融危机中存款保险制度的保险人面临的风险

（1）无限存款保险制度的存在使银行的存款人约束力削弱，保险人面临的银行经营风险增大。

在危机爆发期间，墨西哥政府一直实行无限存款保险制度（即全额存款保险制度），由银行存款保护基金（FOBAPROA）承担所有存款保险责任。由于墨西哥央行明确承诺对所有存款提供保险，并在损失时全额赔付，因此对于存款人来说，在任何一家银行存款都同样安全，从而使存款人主动放弃了"用脚投票"的选择权，这样虽然降低了"挤兑"等威胁金融稳定事件发生的概率，但同时也减少了一道防范银行风险的防线，即无限存款保险制度可以有效保障存款人利益，但同时也削弱了存款人对银行的约束。这会让许多银行经营方面的风险向存款保险制度的保险人——FOBAPROA进行转移。实践也证明，在1995—1997年期间，FOBAPROA承受了很大的压力，同时在危机发生后也遭受了很大的损失。

（2）无限存款保险制度同时也给保险人带来了道德风险和投保银行的逆向选择。

银行存贷款利率的倒挂现象使得墨西哥许多银行在追求利润最大化的同时，忽略了它们最大的负债——存款的额度无法跟上。并且，在存贷款期限结构、利率结构方面的管理并不合理。对于银行管理者来说，这种不合理是应该能意识到的，但由于它们加入了无限存款保险制度，在缴纳了保险费的同时自认为已将风险全部转移给存款保险制度的保险人，所以一定程度上就造成了道德风险的存在。另外，墨西哥银行的私有化改革，使得部分本身经营风险较大、财务状况不良的银行积极加入存款保险制度的行列，这也对存款保险制度的保险人构成了逆向选择的风险。因此，在墨西哥金融危机发生之前，无限存款保险制度本身的风险就已经存在，只是由于在经济运行中没有出现问题，各种风险隐藏在改革的背后而没有爆发。在墨西哥金融危机中，比索汇率连续创新低、股票价格暴跌、墨西哥政府债台高筑等风险就突然显现在无限存款保险制度的保险人面前了。

4.1.2　墨西哥金融危机中存款保险制度的效果分析

由于墨西哥银行业存在巨大风险，自1997年起，墨西哥政府启动了一系列拯救银行、维护金融稳定的计划，如中央银行出资、由存款保险机构成立信托基金以提高资本充足率，又通过存款保险机构的回购计划将不良贷款逐渐清出了银行的资产负债表。同时，政府也对银行业本身进行了一系列改革，使其拥有更好的发展基础。具体步骤包括：第一，严格限制内部人借款，要求银行公开包括其分支机构在内的合并会计报表，将关联方交易控制在银行净资本限额之内。第二，要求银行分散贷款风险，任何个人贷款不能超过银行净资本的10%或所有银行总资本的0.5%；任何企业贷款不能超过银行净资本的30%或所有银行总资本的6%。第三，提高资本要求，以银行风险资产的风险程度来衡量银行最低资金储备，同时要求银行在贷款前必须从相关机构获得借款人的信用记录。第四，自1997年1月1日开始实施新的会计准则，虽然新的会计准则与国际公认的会计准则仍然存在一定差距，但无疑更近了一步。第五，改革存款保险规则，存款保险机构不再对商业银行提供无限存款保险，自2005年1月1日起，存款保险额度被限制在10万美元以内。

这些改革无疑规范了银行发展道路，改善了银行经营状况，尤其对存款保险制度（规则）的改革是最引人注目的。在金融危机发生前后的几年时间里，存款保险机构都承担着无限存款保险责任，风险非常大，对存款保险制度的稳定运行产生了不良影响，也导致了严重的道德风险和逆向选择。而在金融危机过后，特别是2005年之后，墨西哥实行有限存款保险制度，将一部分风险进行了转移，这对保险人和投保人以及受益人都有一定的约束和帮助。

在墨西哥金融危机中，我们可以对存款保险制度的效果进行简要评价。在一定时期内，风险处理方案是否为最佳，其效果如何，需要用科学的方法来评估。看风险管理效益的高低，主要看其能否以最小的成本取得最大的安全保障。成本的大小是指为采取某项风险处理方案所支付的费用及其机会成本的多少，而保障程度的高低则要看由于采取了该项方案而减少的风险损失（包括直接损失和间接损失）的多少。对此，我们用效益比值来衡量：

$$效益比值 = \frac{因采取该项风险处理方案而减少的风险损失}{因采取该项风险处理方案而支付的各种费用 + 机会成本}$$

由此看出，若效益比值小于1，则该项风险处理方案不可取；若效益比值大于1，则该项风险处理方案可取。从经济效益看，使此效益比值达到最大的风险处理方案为最佳方案。

1993—2002年，Jose Enrique 将墨西哥存款保险机构为保障银行稳定运行而在10年时间内进行银行救助等所花的费用作为"因采取该项风险处理方案而支付的各种费用"（每年分配一个权数加权），以花费这项费用所存在的机会成本作为公式中的"机会成本"（每年分配权数加权），以为防止金融波动、防范投保银行倒闭而减少的损失估算（每年分配权数加权）作为"因采取该项风险处理方案而减少的风险损失"。2002年4月最后计算出在1993—1995年3年时间内，效益比值小于1；而在1996—2002年7年时间内，效益比值大于1。这说明在金融危机发生前存款保险制度的风险处理方案效果不明显，对银行系统风险防范未到位，一定程度上引发了金融危机；而在金融危机发生后，墨西哥在存款保险制度方面做出了改革，特别是实行有限存款保险制度以后[①]，大大提高了存款保险制度控制风险的效果，有效防范了存款保险制度本身的风险。

---

① 虽然在2005年以前墨西哥没有明确实行有限存款保险制度，但自1997年起，对承保银行提高了要求，如要求提高资本、分散贷款风险等措施，在一定程度上已经打破了无限存款保险制度的规定。所以1997—2005年可视为墨西哥存款保险制度从无限到有限的过渡期。

4.1.3 墨西哥金融危机对存款保险制度保险人的启示

在没有明确存款保险制度的投保额度和投保对象条件的国家中，大多实行无限存款保险制度。无限存款保险制度的最大特点就是几乎所有银行都参加存款保险制度，且银行发生经营风险、市场风险导致存款人遭受损失时，银行不需要承担什么责任，而这些责任就落在存款保险制度的保险人身上了。虽然有些国有控股银行以国家的主权信用作为后盾，地方性银行出现风险时地方政府也会出面干预，大多数存款人有一定的风险意识，但在无限存款保险制度下，随着银行规模的增大，存款人风险意识呈下降趋势；而与此同时，银行却由于风险可以不断得到转嫁和释放而面临软预算约束，导致新的风险不断产生。这些新的风险也会逐渐转嫁给存款保险制度的保险人。根据墨西哥金融危机的经验，许多国家经济发展到一定程度后就不应该实行无限存款保险制度了，对存款机构的保额也应视实际情况规定上限，以避免信息不对称带来的存款保险机构风险的加大。

所以，存款保险制度对一国的银行业稳定发展能够产生积极的促进作用，但应注意制度设计的合理性。采用限额赔偿并设置赔偿比例的方式，可以有效激发大额存款人监督银行的积极性；而利用科学合理的差额费率，使费率与银行风险程度相吻合，可以在很大程度上抑制银行道德风险事故的发生。

墨西哥和中国同属于新兴市场国家，其在开放过程中经历了一系列的探索，在探索的过程中没有很好地把握开放的速度导致其在1994年爆发了严重的金融危机，给本国经济造成巨大损失。在开放背景下墨西哥爆发危机的原因值得我们深思，本章主要通过对墨西哥爆发危机的原因进行深入分析，为中国接下来的金融开放提供良好的借鉴意义，让中国能够在开放过程中更加有条不紊，最大限度地促进经济的发展。

4.2 亚洲金融危机中日本保险人对存款保险制度的风险防范

4.2.1 亚洲金融危机中日本存款保险制度中保险人的困惑

日本存款保险制度建立于1971年。遵照日本《存款保险法》，日本存款保险公司（Deposit Insurance Corporation of Japan，DICJ）于1971年7月1日正式成立。日本存款保险公司的初始资本金为4.5亿日元，其中，日本政府、日本央行和私人金融机构各出资1/3。自第二次世界大战后到20世纪90年代初，日本实际上实行的是隐性存款保险制度。同时在很长一段时间里，日本实行的是全额的存款保险制度。90年代泡沫经济破灭后，即使是大银行也背负着大量的不良债权，在这样的背景下，存款保险制度在破产银行处理中正式发挥作用，而且存款保险公司的资金援助在每次银行救助中总是不可缺少。1994年东京协和、安全信用两家信用社，1995年木津信用组合和兵库银行的相继破产，意味着隐性存款保险制度的终结。

1997年11月发生的一系列金融破产案件要求更新的制度性安排①。这些事件导致日本在国际银行间外汇市场交易骤减，因此资金筹措发生困难，存款从部分金融机构流失，日本整体金融系统的被信赖程度大大降低。到1998年秋，作为日本长期信用机构核心的日本长期信用银行和日本债券信用银行濒临破产。同时，由于日本在20世纪90年代前期实行隐性存款保险制度，90年代后期实行显性存款保险制度，因此对问题银行的处理、对存款人利益的保护都须从保险

---

① 日本三洋证券因在短期金融市场发生诈骗事件而申请适用《公司更生法》（1997年11月3日），接着北海道拓殖银行破产（1997年11月7日）、山一证券发表自动歇业公告（1997年11月24日）、德阳城市银行破产（1997年11月26日）等事件相继发生。

基金中支付，存款保险机构面临的压力可想而知。

　　亚洲金融危机发生后，日本的DICJ面临很大的困惑，这是由日本存款保险制度的管理体系和对问题银行的处理机制决定的。比如当一家银行破产时，日本的金融服务厅厅长将指派破产管理人管理破产银行的事务，在其管理期间要从普通资产中剥离出不良资产，然后将不良资产卖给DICJ下属的处置回收机构（Resolutions and Collection Corporation, RCC），而且破产管理人要找到愿意兼并倒闭银行的合作者来并购破产银行的良性资产。当找到一家这样的银行时，这个处置过程即告结束，破产管理人也因完成使命而告解职。如果长时间找不到这样的银行，破产银行的事务将暂时移交给DICJ的另外一个下属机构——日本桥银行（the Bridge Bank of Japan）进行短期管理，直到确定一家愿意并购破产银行的金融机构为止。DICJ通过对合作金融机构提供财务支持和资金援助使其兼并或者接管问题金融机构来解决银行破产问题。在整个过程中，如果破产管理人找不到愿意兼并倒闭银行的合作者该怎么办？如果日本桥银行的短期管理自身也存在经营管理问题怎么办？DICJ提供大量的财务支持的资金来源如何获得？因此，在之后很长一段时间里，日本对隐性、全额的存款保险制度进行了一些变革。

　　日本政府自20世纪90年代开始对其存款保险制度进行改革，存款人的资产安全由国家信誉担保逐步向存款人的市场选择转变，存款保险制度在维护日本金融体系稳定方面发挥的作用也在不断扩大。但在放弃力保"银行不倒"的政策目标后，日本政府仍需要对陷入经营困境的大型银行进行救助，以防止其倒闭危机蔓延从而引起金融体系的全面危机。政府对大银行实施救助的先例，使得公众形成了"大而不倒"的政策预期。

　　日本在第二次世界大战后长期实行"护航船团"模式，如果某家银行陷入经营困境，大藏省将出面斡旋，由经营态势良好金融机构对其进行接管或兼并，从而保证其不会破产。20世纪70年代初建立的存款保险制度，在施行的头20年的时间里一直停留在纸面。日本总务厅调查局在1994年进行的一次调查中显示，日本居民在选择存款银行时，76.4%的人首要考虑的是银行网点的便捷性，而只有36.1%的人会关注银行机构的经营风险。

经济泡沫破灭之后，日本的银行机构普遍背负巨额不良债权，无力响应政府的救助号召，"护航船团"模式逐步走向解体。1996年，日本宣布开始实施金融改革，并通过了"关于确保金融机构经营健全的相关法规建设的法律"、"关于金融机构重建手续的特例等法律"和"部分修改存款保险法的法律"，这标志着"护航船团"模式正式终结，银行业破产管理自此逐步走向正常化。1998年11月，日本国会又先后通过了《金融再生法案》和《金融健全化法案》，处理金融机构破产的法律制度体系趋于完备。日本政府也开始将工作重心转向金融机构的破产后处理，1997年DICJ对阪和银行的破产处置是这一转变的显著标志。存款人的资产安全由国家信誉担保逐步转向由存款人进行市场选择，存款保险制度在维护日本金融体系稳定方面发挥的作用在不断扩大。

4.2.2 亚洲金融危机中日本存款保险制度的效果分析

面对严重的亚洲金融危机带来的银行问题，日本政府制订了金融制度安定化计划。该计划以《金融再生法案》和《金融健全化法案》为核心。根据《金融再生法案》，在解除全额存款保险制度之前，为金融机构的重组和不良债权的处理设定了一定的日元资金额度。对破产银行处理的方法除了由其他银行收购兼并外，还包括特别政府管理和政府管财人制度。特别政府管理是由政府出资购买破产银行的股份，即临时国有化；政府管财人制度是政府向已破产的银行派遣管财人，或者转移到过渡银行——日本桥银行，保证在得到妥善处理之前银行能够正常营业。当政府认为某银行的破产将导致银行业的系统性风险时，将通过存款保险公司强制性收购银行的股权实行临时国有化，同时将不良债权转移到整理回收机构。

在金融风险上升的情况下，日本在1998年年初对《存款保险法》进行修订，根据此次修订，以存款全额保护为目的，筹集了17万亿日元的公共资金（国债资金7万亿日元和政府保证限额10万亿日元），作为进行破产处理时所需的资金。这样，超出"偿付成本"的特别资金援助便有了特别保险费以及公共资金的财政保证。金融体系动荡的压力，迫使日本金融当局修改有限保护制度，取而代之的是全额保护制度，以维护金融秩序。

日本在此次亚洲金融危机中对存款保险制度的修订，取得了一定的效果，但同时也带来了一些风险方面的问题，表现为：

第一，道德风险问题。如果存款被全额保护，存款人就失去了靠自身的责任和自己的判断选择金融机构和监督该金融机构经营状况的积极性，这便是存款者道德风险。没有了存款者的主动选择，金融机构便会放松自己的风险管理和稳健经营，这便是金融机构的道德风险。

第二，限制了存款利率（金融机构筹措资金的利率）这一价格机制的作用。也就是说，本来稳健（或者说低风险低回报）的金融机构应该比不稳健（高风险高回报）的金融机构筹措资金的成本低，但实行存款全额保护则掩盖了每个金融机构的财务状况乃至经营方针的差异，结果，投资风险没能反映在筹资成本上，增大了社会整体的风险。反映在表象上，是更多的金融机构发生经营困难，整体上降低了破产预防对策的效果，进而，影响征信制度的权威性，降低金融机构推行征信制度的意愿，市场规律很难在金融体系中发挥作用。

第三，巨额破产处理费用和财政负担。存款保险制度所负担的破产处理费用，其主要部分是由存款保险提供资金援助的。资金援助形态包括：资金赠与、资金贷出、资产收购、债务保证或承兑。造成存款保险最终损失的是：（1）为补充破产金融机构的超额债务而赠与的资金；（2）以当时价格收购破产金融机构的不良债权后发生的二次损失。特别是前者的资金赠与数额很大。在日本，实施全额存款保险制度时期，其费用由谁来负担呢？1990年之前，是由有能力的大银行作为救济金融机构来负担（大银行得到了扩大业务、增加收入的回报）；1991—1995年，通过资金赠与对"偿付成本"之内的存款予以保护，而超出部分通常是由救济金融机构抑或关系密切的金融机构来负担，二者组合实现存款的全额保护。

从亚洲金融危机时期日本的存款保险制度的实施来看，日本政府在应对突发的金融破产案件，以及在处理金融破产案件中面临资金不足的情况时，采取了多种临时措施，如存款全额保护附加措施、包括公共资金在内的资金来源准备、《金融再生法案》中的处理方式等。但是到了2001年3月，全额存款保护措施由于资金财力及其他原因终止，转变为有限存款保险制度。

4.2.3 亚洲金融危机中日本对存款保险制度保险人的启示

随着金融产品和金融市场的不断创新，可以预见银行业的竞争将更加激烈，在激烈的竞争中个别银行的破产是不可避免的，关键的问题是如何通过金融安全网的建设，既能保证银行业的优胜劣汰，又能尽量避免个别银行的破产导致银行业系统性风险的发生，以及在银行危机发生后尽量减少危机处理的成本和尽快恢复银行业的生机。对日本存款保险制度和银行危机处理制度性建设的观察，主要有两大方面值得我们借鉴：

1）隐性存款保险制度与显性存款保险制度的选择

隐性存款保险制度有效发挥作用的前提之一是限制银行业的竞争。在以信息化、全球化为特征的21世纪，保证银行业获得一定的垄断利润和特许权价值，放宽金融管制和鼓励金融创新是金融业发展的必然趋势，从这个意义上讲，建立显性的存款保险制度是金融安全稳定建设的必然趋势。

在隐性存款保险制度下，受保护的除了存款之外，还有银行业本身。在信息严重不完全的金融市场上，银行的代理监督可以发挥规模经济而节约对企业的监督成本，从而提高金融市场的运行效率，因此对银行业本身的保护也有其经济学上的合理性。但是，随着信息技术和金融技术的发展，银行作为专门的信息生产者的功能正在衰退。而且，由于在隐性存款保险制度下没有银行的直接退出机制，容易导致银行部门过分臃肿，从而影响银行的收益能力，而收益率的下降是导致银行破产的重要原因。

综上所述，在隐性存款保险制度已经失去发挥作用的基础之后，建立显性存款保险制度对于存款保险制度自身风险的控制有重要意义。

2）存款全额保护的情况下保险人的风险

全额保护的存款保险制度作为破产预防对策，主要是行政主导在发挥作用，随着向附有上限的存款保护的转换，应该在行政主导与市场规律作用之间建立起适当的互补关系。如此看来，存款的全额保护只是为最终建立一个立足于责任自担和市场规律基础上的高度透明的金融体系而采取的过渡性措施。要使市场规律真正发挥作用，促进金融机构的健全性，必须满足以下两个条件：第一，贷方能够准确判断借方的偿债能力（即纠正信息非对称性），完善基础设施，比如建立可信赖的征信制度等。第二，使凭借自己的责任进行风险判断的理念广泛渗透到每个市场参与者头脑中，这个条件的提出，是针对存款全额保护诱导人们失去自我责任意识而做出的矫正。另外，为了满足第一个条件，必须完善并普及制度、遵守规则、有效地利用公开信息。

在政策方面，借鉴各国经验后可以总结如下建议：

一是提高对大银行的监管资本要求。"大而不倒"银行的倒闭可能给整个金融体系带来严重的系统性风险。大银行抵御风险的能力理应更强，对大银行的资本要求也应该更高。提高监管资本要求加大银行的资金成本，使银行在选择项目时更加谨慎，从而抑制其过度承担风险的倾向；此外，提高资本要求还可以一定程度上抵消大银行的资金优势，促进银行业的公平竞争。

二是采用"建设性模糊"救助政策。"建设性模糊"是指在一家银行面临经营困境时，监管当局对是否救助、何时救助以及如何救助保持某种程度的不确定性。"建设性模糊"体现在两个层面：对于普通银行，尤其是规模比较大的普通银行，是否进行救助存在不确定性；对于系统重要性金融机构，何时救助、如何救助并不确定。公众不可能依赖一个充满不确定性的救助，所以这种政策可以降低银行机构对获得救助的预期，在提高了政府机构操作灵活性的同时，也使其决策保持可信性。在采取"建设性模糊"政策的同时，应致力于提高政府救助政策的透明度。具体来说，就是事先明确规定将采取具有弹性的"建设性模糊"政策，在实施救助一段时间之后，通过年报、工作简报、网页或新闻媒体报道等形式披露个案的救助过程和细节；而在实施救助的过程中则采取完全模糊原则，对于救助的各具体细节等均不予公开。

三是提高公众意识。公众充分了解存款保险制度，对于提高其投资稳健性具有重要作用。以存款保险机构为主，连同金融安全网的其他成员，应通力合作，采取多种途径和渠道，向包括社会公众、存款人等传达关于存款保险制度的信息，如存款保险制度的政策目标、覆盖范围以及存款保险制度的运作方式等。同时，存款保险机构应当定期对公众意识水平进行独立评估。

4.3　美国20世纪80年代银行倒闭与存款保险制度立法改革

4.3.1　危机中美国FDIC的角色

美国银行业在20世纪80年代经历了一次严重的危机，在这次危机中，银行倒闭数量陡增。在存款保险制度建立（1933年）之初的半个世纪中，银行倒闭的数量非常低。自第二次世界大战结束之后直到1973年，银行倒闭事件几乎从公众注意力中消失了。1973年和1974年，两家大银行（圣迭戈银行和富兰克林国民银行）倒闭；1982—1992年之间，大约有1 500家银行倒闭，占联邦存款保险制度建立之后全部倒闭银行数量的3/4。到80年代末期，银行倒闭频率已经增加到每年200家。直到1993年，银行倒闭的频率才降低下来，当年银行倒闭了42家，是自1982年以来银行倒闭最少的一年。

同时，在这次银行业危机中，存款保险公司也深陷其中。频繁的银行倒闭事件使FDIC承担的损失过度消耗了其拥有的资源，使其几乎走到了崩溃的地步。幸亏银行业从20世纪90年代初开始复苏，FDIC才得到喘息和恢复的机会。然而，另一家存款保险公司——联邦储蓄贷款保险公司（FSLIC），则不如FDIC那样幸运。1989年，美国国会预计FSLIC的赤字已经超过1 000亿美元。最后，美国关闭了FSLIC，同时FSLIC的职能也被FDIC取代。

为什么会出现这种情况？当时美国的存款保险制度有两个致命伤，这直接导致了以上情况的发生：

（1）单一费率的存款保险制度使得存款保险存在不适当定价，极易诱发银行的不道德行为，从而使得 FDIC 面临严重的道德风险。联邦存款保险一直是以一种不正常的方式提供的，特别是索取的保费与银行资产组合的风险性没有关联，存款保险扭曲了人们的选择，使人们产生让保险机构承担过多风险的动机。通常，从事风险活动的投资者如果购买了对这种活动的保险，那么随着风险的增加，投资者所缴纳的保费也会增加。保费高，就会通过增加成本来限制投资者接受风险意愿的强弱。但在单一费率的银行存款保险制度中，这一有效的市场调节机制被完全堵塞了——保费费率是固定的，没有成为一种有效的价格信号，没有能够事先影响商业银行的风险承担决策。

（2）在单一费率存款保险制度下，存款保险的不适当定价还会造成存款市场不能充分限制银行愿意接受的风险程度。在现行的存款保险制度下，存款人并不担心其存款银行的风险程度，只要账户金额在承保金额范围内，他们的存款就不会有风险或损失；即使账户金额超出承保金额范围，存款人也可以通过在不同的银行开立账户或在同一家银行开立不同名义的账户，从而使得大额存款同样能够得到存款保险制度的保护；另外，持有在大银行中的任何规模的存款都不会有风险，因为管理者不会允许大银行倒闭，从而影响整个银行体系的信誉。所有这些安全保障麻痹了信贷市场，使之对风险的感知变得迟钝。

2023 年 3 月 10 日，美国加利福尼亚州金融保护和创新局宣布关闭硅谷银行（Silicon Valley Bank，SVB）并由 FDIC 接管该银行；短短 2 天后，纽约监管机构宣布了另一家资产规模千亿级银行签名银行（Signature Bank）关闭的消息，并将其主要资产转移至由 FDIC 运营的 Signature Bridge Bank，N.A.。该信息引发了市场对于资产规模相当或低于 2 500 亿美元阈值的中小型银行的信任危机。一般而言，银行发生挤兑倒闭时，储户可获得的资金主要来源于以下几个方面：存款准备金、央行再贷款、存款保险赔付等。

在美国存款保险管理机构的制度操作中，从 2008 年金融危机的处理方式和效果看，其机构处理具有灵活性和秩序性。在职能上，为了尽量减少危机带来的损失，2010 年美国总统签署了《多德-弗兰克华尔街改革与消费者保护法案》，将 FDIC 对银行的监管权限放大，FDIC 拥有了备份检查权和执行权，具体表现为 FDIC 可以对经营不稳定的银行进行特别检查。在具体操作上，除了上文提到的调整费率和放宽职权外，美国存款保险管理机构放弃了财政部门的直接拨款，坚持采取了市场化的做法，以预收保费来应对赔付资金不足的问题；为了缓解银行流动性问题提出临时流动性担保计划；因此次危机涉及的非存款类资产数额较大，所以将保险范围扩大到非存款类债务；在问题银行处置方面，经营中的救助方式较少，只占 0.4%，主要是此种救助方式成本较大，不利于保障存款者的利益和市场作用的发挥，使用最频繁的是收购和承接，占比 94.4%，有利于及时解决存款者的需求，防止情况持续恶化。

回顾硅谷银行倒闭的经过，虽然有美联储激进加息、流动性迅速恶化等政策环境影响，但其深层次原因在于自身资产负债管理上的严重缺陷以及内部关键岗位的管理混乱。资产端投资债券占总资产比例的 56%，其中 70% 以上为久期较长的持有到期债券，而负债端却拥有占比 46% 的不计息活期存款。2022 年年末财报显示，其持有债券未实现损失已高达 15.6 亿美元，在利率上行区间，债券浮亏是不可避免的，但一旦发生负债端的快速流出将迫使银行不得不出售持有债券，浮亏也将变为实亏。2022 年 4 月硅谷银行首席风险官（CRO）离职后，到 2023 年 1 月 CRO 职位一直空缺，而美联储在 2022 年 3 月迈开加息步伐，可以说硅谷银行在没有 CRO 掌舵的情况下度过了利率上升和经济放缓期。更加巧合的是，硅谷银行的首席行政官（CAO）Jospeph Gentile 正是在 2008 年金融危机中倒闭的投行雷曼兄弟固收部的 CFO，虽然不能将硅谷银行的倒闭归"功"于某一个体，但也暴露出了该银行内部关键岗位的管理状况。

在 1865—1929 年期间，美国共有 8 519 家银行倒闭，年均 133 家；1930—1933 期间，经济大萧条更导致银行倒闭数达到 6 704 家，年均 1 676 家，倒闭率达 9.18%。在 1933 年实施存款保险制度后，美国银行的倒闭数量锐减。1943—1981 年期间，经历了 2 次石油危机，倒闭银行有 188 家，数量明显降低，说明了存款保险制度在稳定银行体系、降低银行倒闭风险上产生了重要作用。而在 1982 之年后的 12 年间，银行倒闭数量突然增多，说明了制度实施初期的固定费率极易诱发市场风险。2008 年金融危机之后，美国的存款保险制度在实施过程中不断发展和完善，形成了现在相对有效的存款保险制度。

硅谷银行倒闭事件，使一家中小银行的倒闭演变成一场信任危机，即使是资产规模超过 5 000 亿美元的全球系统性重要银行瑞士信贷银行也难逃被低价收购的命运，并不是其不具备偿付能力、持有资产没有价值，而是市场和监管机构已不再信任其具备充足的流动性以及管理风险的能力。党的二十大报告指出，"世界进入新的动荡变革期"。金融是国之重器，必须坚持统筹发展和安全，牢牢守住不发生系统性金融风险的底线，主动发掘适合自身客群结构的流动性管理方法，增强发展韧性，筑牢信任根基，把握好"稳"与"进"的辩证关系，才能维护好国家的金融稳定和金融安全。无论是主动资产管理、优化债券投资策略及久期结构，还是资产负债结构管理、寻求低利率风险资金弥补核心资产负债缺口，抑或逆周期资本管理、提高宏观经济形势研判能力，均可作为利率风险管理和流动性风险管理的着力点，同时也是提高金融业全要素生产率的可选项，进而为走好中国特色的金融发展之路、实现中国式现代化贡献源源不断的金融力量。

4.3.2 基于银行危机的存款保险制度的改革——保险人风险的规避

鉴于存款保险制度的风险主要是允许资不抵债的金融机构继续经营造成的，一些人士建议监管者及早干预问题银行。如果能够在银行资本金完全损失之前采取行动，那么除了银行股东之外，其他人不会受到损失，也不必动用存款保险基金。保险金的损失只会发生在监管者监管不充分、未能及时采取行动和监管者被欺诈的情况中。有人称这项建议为"结构化的早期干预和解决（Structured Early Intervention And Resolution，SEIR）"方案，更多的人称之为"审慎性监管（Prudential Regulation）"。审慎性监管被1991年《联邦存款保险公司改进法案》（FDICIA）所接受，其特点如下：

第一，该法案一个最重要的特点是它的"迅速纠正行动条款（Prompt Corrective Action Provision）"。该条款规定FDIC要更早和更有力地干预陷入困境的银行。为此，银行被按照资本充足程度分为五类，分别是"资本相当充足"、"资本足够充足"、"资本不够充足"、"资本明显不足"和"资本严重不足"。对于最后一类银行（资本充足率低于2%），FDIC必须采取行动关闭它们。

第二，FDICIA对存款保险的范围进行了多方面的限制：经纪存款只有用于在资本相当充足的银行中实施养老金计划才可以得到保险；FDICIA规定FDIC在关闭银行时必须采用最低成本的方法，因此有的账户将会受到损失。以前经常采用的"大而不倒"的原则现在只能在"否则将对经济状况或者金融稳定造成严重负面影响"的情况下才能采用。在1990年和1991年近300宗已经解决的案例中，仅有37宗存在未受保险的存款人受到损失的情况；而在1992年，即FDICIA

实施的第一年，120宗倒闭案例中，大约一半有存款人受到损失；1993年，41家银行倒闭案例中几乎90%有存款人发生损失。

第三，FDICIA为FDIC采取行动提供了资金保障。将FDIC从财政部门借款的额度从50亿美元提高到300亿美元，外加450亿美元工作资本（Working Capital），用出售被关闭银行的资产偿还。此外，FDICIA规定监管者必须实施年度现场检查、限制房地产贷款，以及制定更加严厉和繁杂的报表标准。

第四，根据FDIC在2001年的测算，在被保险银行中，对存款保险基金完全没有损失威胁的银行只占42.7%。针对这一问题，该法案明确提出要改革当前的风险差别费率制度。FDIC开始制订新的保费征收方案，主要考虑的因素有：（1）在风险定价方面，对大、小银行区别对待，把资产规模作为考虑因素之一来建立差别风险费率体系。（2）在风险评估方面，更多考虑市场信息。（3）授权FDIC董事会根据被保险机构的风险对存款保险费率进行定价的权力。

有关存款保险的理论和存款保险在美国的实践都说明：尽管存款保险制度可以提高存款人对银行业的信心，避免因存款人恐慌而挤兑健康银行，但是，这种机制隐含着一定的风险，有可能造成巨大的损失。金融机构、存款人和存款保险机构的行为及其结果见表4-1。

表4-1　　金融机构、存款人和存款保险机构的行为及其结果

参与者 ＼ 行为 ＼ 结果	冒险		不冒险
	成功	失败	
问题银行	获得清偿能力	倒闭	
存款人	本金无损失，有更高的利息收入		无损失
存款保险机构	无损失	损失大	损失小

在表4-1中，首先，对于问题银行来说，冒险即使失败，结果也就和不冒险一样；而一旦成功，可以重获清偿能力。所以，问题银行愿意冒险。其次，对于存款人来说，无论问题银行是否冒险、冒险的结果怎样，本金都受到保障；只要问题银行愿意提供更高的利率，存款人也就愿意支持问题银行采取冒险行动。最后，尽管冒险行动多数以失败告终，并且给存款保险机构造成损失，但是单个的冒险行动能否成功，具有不确定性。有两个原因促使存款保险机构默许问题银行冒险：（1）如果冒险成功，保险基金无损失；（2）即使冒险失败导致更大的损失，但这个损失可以推迟到以后，由自己的继任者承担。

类似的风险同样会在其他国家出现。一些商业银行努力扩大资产规模，其真实目的就是"为生存而赌博"。"大而不倒"是国际银行业的惯例，只要把银行规模做大，政府就不会让它倒闭。因此，许多银行进行了资产规模的迅速扩张，在贷款余额和调整后的资产总额增加的同时，净损失也在增加。但却不知，在存款保险制度建立之后，这种行为的风险并未消除，而是减少了银行自身的风险和降低了抗风险能力，同时加大了存款保险机构的风险。

4.4　全球性金融危机对存款保险制度的检验

4.4.1　全球性金融危机对银行保险业的影响

全球性金融危机对银行保险业产生了深远的影响。首先，金融危机导致了保险公司的资产减值，即股票、固定收益债券和其他资产组合的账面价值大幅下跌。特别是与次级抵押贷款相关的资产信贷亏损，据经济合作与发展组织（OECD）统计已超过了 2 500 亿美元。

其次，金融危机影响了被保险人对遭遇危机金融机构的信心，退保风险因此增加。例如，友邦保险公司由于受其母公司——国际保险业巨头美国国际集团（AIG）破产危机事件的牵连，退保数量明显上升。

然而，金融危机也为保险业带来了一些机遇。例如，一些外资保险公司或外资大型金融集团陷入困境，这为有意拓展国际业务的大型保险公司提供了收购的机会。金融危机可能改变市场上各大保险机构的实力排名，为中小保险企业和外资保险企业带来发展机遇，改变保险市场上几大巨头垄断的局面，有利于促进保险市场的公平竞争。

总的来说，全球金融危机给保险业既带来了挑战，也带来了机遇。保险业应当充分认识对外开放、投资渠道拓宽的机遇和挑战，创新和多元化的利与弊，在做好风险防控、保障市场稳定的根本前提下，继续稳步推进保险业的改革与发展。

美国等西方发达国家的实践表明，存款保险制度一定程度上可起到预防挤兑、稳定银行系统的特殊作用。然而，对于监管体系不健全的国家来说，存款保险制度常伴随道德风险问题，因而被认为是银行系统性风险的诱因之一。我国社会主义市场经济的建设过程仅30多年，金融监管制度尚不成熟，存款保险制度的风险效应可能更为严重。一方面，显性担保会弱化市场约束。由于资金安全得到保障，储户对银行风险状况不敏感，监督的主要责任和意愿转移至存款保险机构。在市场约束不足的情况下，银行更有意愿将资金用于高风险投资，追求更高的风险溢价。另一方面，存款保险机构为破产银行代偿储户损失侧面减少了银行冒险成本。可见，存款保险机构一定程度上为银行冒险行为提供了补贴，道德风险问题由此产生。另外，在金融交易上，存款是当前我国市场参与者资产保值的主要选择，这为银行实现冒险经营提供了资金来源。

4.4.2　金融危机对存款保险制度的检验效果

金融危机对存款保险制度的检验效果主要体现在以下几个方面：

（1）资产负债表的清理。2008年国际金融危机后，美国联邦存款保险公司的作用之一是清理整个银行体系的资产负债表。这一措施有助于确保银行的财务健康，为经济的稳定和发展创造了有利条件。

（2）扩大存款担保范围。危机后，存款保险的范围从传统的存款有控制地扩大到账户和债券。这一变化使银行机构能够低成本地获取流动性，从而避免了危机的进一步扩大。

（3）参与金融机构改革。联邦存款保险公司还参与了重要金融机构的改革，旨在避免系统性金融机构的倒闭。这种参与有助于防止金融合约的中止，进一步维护了金融市场的稳定。

总体来说，从金融危机对存款保险制度的检验效果来看，一方面，这一制度在应对危机、维护金融稳定和支持经济恢复方面发挥了积极作用。通过调整和改进，存款保险制度可以更好地适应金融市场的变化和挑战。另一方面，在制度运行中还存在以下的问题：

（1）有待制定合理的基金规模标准。我国存款保险基金主要来自事前收取的投保机构保费，投保机构清算资产以及投资收益等资金来源所占的份额相对较小。目前《存款保险条例》并未对基金规模制定合理的要求。实际上，参照韩国等其他国家的存款保险制度实施经验，存款保险基金规模过低将难以应对可能出现的金融危机，而过高则会加剧银行经营负担。换言之，适度的基金规模不仅有利于存款保险制度发挥稳定金融体系的职能，而且有利于银行的良性发展。因此，我国应依据国情设置合理适度的基金规模，同时也应该参照所设置的基金规模收取相应的保费，具体而言就是当基金规模达到规定要求时停止收取保费，在基金发生支出后，再予以收缴。

（2）法律法规仍需健全。尽管从包商银行的案例中我们可以看到，银行破产程序正逐步向市场化过渡，然而不可否认的是，存款保险打破刚性兑付适用性依然有限，问题银行处置机制和破产机制仍然亟待健全。目前问题银行的处置方式主要有直接支付、委托支付以及收购承接，但是相关规定缺乏统一性，可操作性不强，关于使用情况、处置程序等的规定也不够细化。存款类金融机构与一般企业不同，即使陷入经营困难的窘境，也可能通过继续吸收存款维持经营，而不会像一般企业那样，在资不抵债的情况下可以及时申请破产，以避免损失的进一步扩大。因此银行等存款类金融机构缺乏主动申请破产的动力，需要外部监管机构对银行经营状况密切关注，在发现其发生严重经营问题时，强制执行风险处置或破产程序。然而我国处置问题银行的前置条件相对模糊，可能会出现将银行经营问题归咎于经济周期性因素、认为问题银行的经营状况会随着经济回暖而改善的情况，从而制造了监管部门逃避监管和风险处置责任、放任不良银行继续经营的空间。我们在原银保监会 2021 年发布的《银行保险机构恢复和处置计划实施暂行办法（征求意见稿）》中也并没有发现统一、明确的处置机制的触发条件①，应该以具体启动机制为方向，继续探索问题银行处置方式。此外，部分人将《存款保险条例》视同中国的银行破产法，反映出相关法律的缺位。该条例只是执行文件，不具有高度的权威性和威慑力，这可能导致实际执行过程中法律冲突的产生。因此建立健全银行破产清算的法律法规，树立处置方式的权威性，刻不容缓。

（3）存款保险公司独立性不足。在处理包商银行的过程中存款保险机构暴露出一些问题：由中国人民银行完全持股的存款保险基金管

---

① 征求意见稿附件 3 中第五条"处置计划的实施"中提及："结合我国处置实践，根据机构自身实际，说明可能使本机构无法持续经营、建议进入处置的启动条件。"

理有限责任公司没有足够的信息获取权、现场核查权及建议处罚权，早期纠正职能较难完全发挥，大部分监管权力依然暂且由中国人民银行行使。同时，存款保险基金管理有限责任公司与原银保监会的监管职责存在交叉重叠——存款保险基金管理机构早期纠正和风险处置功能的实现必然离不开对银行的监管，使得二者的监管边界模糊，这容易滋生监管真空或重复监管问题，可能会导致监管缺位、相互推诿或监管资源浪费等现象的产生。

自2015年正式出台《存款保险条例》以来，我国实施显性存款保险制度已经9年，该制度在防范系统性金融风险、建立健全金融机构退市机制等方面发挥着重要作用。那么，我国的显性存款保险制度对金融体系的稳定与发展起到了怎样的作用呢？它是否会通过弱化市场约束进而增加银行业的道德风险呢？与早期实施显性存款保险制度的国家不同，我国此前一直采用的是隐性担保的模式以维护金融体系的平稳运行。所以我国应该结合自身实际，因地制宜地改进现有的制度设计和监管体系。

随着政策实施不断深入，政策效果已初显，在一定程度上产生了稳定与发展金融市场、弱化道德风险的效果。我国应该继续普及相关知识、深化利率改革、完善制度设计、强化监管体系建设、提升公司治理水平，保障政策效力更好更大地发挥出来：

一是巩固加强公众认知。2020年年底我国全面推行存款保险标识，并广泛宣传普及存款保险相关知识，这一举措有效增进了社会公众对存款保险的了解，进而提高了储户信心。可将此类活动常态化，建立长效机制。政府层面可充分利用各类媒体，积极宣传存款保险的作用、理赔方式、资金来源与运用等，同时及时就储户对存款保险的了解情况进行跟踪调查，掌握公众对该制度的信任度。还可以广泛报道存款保险在处理问题银行工作时所发挥的重要作用，以成功事例提振储户信心。

二是深化利率市场化改革。进一步推进存贷款利率市场化改革，一方面给予银行更多的定价自主权，充分满足储户对更高利率补偿的要求，提高中小银行存款可得性，畅通价格约束渠道；另一方面降低企业信贷融资成本，实现从资金供给端到资金需求端的资源有效配置。目前虽然中国的存贷款利率上下限已经完全放开，但是市场对央行基准存贷款利率的依赖性依然较强。持续推进利率市场化改革，有助于市场约束的价格机制作用的发挥。这就要求监管机构为银行市场化转型保留一定的过渡期与适度空间，并且推进以 Shibor、LPR 等为参考的市场利率的运用，畅通利率传导机制，使得短期利率波动能够对存贷款利率产生较为直接、显著的影响。

相关学者研究表明，现阶段我国存款保险制度有加剧银行系统性风险的倾向。并且，风险效应的影响在不同规模的银行体系中不尽相同：提高银行杠杆会加剧存款保险制度风险效应；加大高管债权激励力度和扩张银行规模对存款保险制度风险效应起到抑制作用，但这种调节作用在中小银行中并不明显。

结合我国国情，可以得到以下启示：

一方面，建立以银行系统性风险为依据的缴费机制。我国存款保险机构主要通过保费和早期纠正措施限制银行的风险行为。但根据本书的结论，现阶段存款保险制度在帮助银行有序退出市场的同时未能起到防范系统性风险的作用。因此，监管部门确定差别费率时可将投保机构的系统性风险水平纳入参考范围。

另一方面，注重规避银行特征对存款保险制度效果的不利影响。一是深化高管债权激励机制改革。目前实施薪酬递延制度的国内银行尚在少数，其中多数按《商业银行稳健薪酬监管指引》的最低标准[①]执行，且各商业银行对相关信息披露不详尽。因此，监管部门需督促银行落实薪酬递延方案，适当提高有关延期支付比例的要求，必要时引入养老金计划，延长高管职业生涯与银行风险挂钩的期限；同时设计激励机制引导各商业银行对债券激励信息进行披露以强化市场约束。二是坚持去杠杆化，展开差异化竞争。发展影子银行业务是当前我国商业银行应对存款竞争的主流做法。为减轻存款保险制度的风险效应，各类银行要控制自身杠杆水平，规避过度贷款引发的系统性风险；各类银行尤其是中小银行需积极展开错位竞争，避免"羊群行为"引发的银行危机；利用大数据等先进技术，提高业务创新和风险管理能力。

存款保险制度作为金融安全网三大支柱之一，在银行面临挤兑、破产或者其他危机时有助于保护储户利益，减少危机对金融体系造成的破坏，降低财政救援成本。与关注资本充足要求（集中于偿付能力）和最后贷款人制度（帮助银行解决流动性问题）两大支柱有所不同，它更加注重保护金融消费者和增强储户信心。存款保险制度通过引入市场机制解决监管困境。一方面，存款保险制度通过差异化保费促使银行谨慎采取激进的经营策略，综合考虑安全性、流动性、效益性，寻求利率市场化与银行业安全经营之间的平衡点；另一方面，建立了银行的市场化退出机制，经营不善的银行通过破产清算程序实现退出，避免了政府无条件充当银行后盾情况的发生，将市场失灵交由市场机制解决。存款保险制度具有显著的通过法律促进经济发展的特征。在存款保险制度下，高风险的银行承担更高的合规成本，实现了更加合理的监管成本分配；同时，存款保险制度降低了破产银行清算

---

① 《商业银行稳健薪酬监管指引》规定：高级管理人员绩效薪酬延期支付比例应高于50%，延期期限不少于3年。

退出的交易成本。不同于商业保险公司，存款保险公司具有明显的政府机构性质，能够有机解决传统保险业存在的违约风险、经营风险、信息不对称等问题。尽管存款保险制度在世界范围内得到推广，它的设计和实施却并不容易。

5

我国保险人对存款保险制度的风险防范

5.1 我国隐性存款保险制度的延续性

在《存款保险条例》发布前，我国已经实施了多年的隐性存款保险制度。2015年之前，我国的法律法规中并没有明确涉及存款保险制度的条款，也没有设立专门的存款保险机构，但会通过国家政策表明政府会以国家信誉担保个人存款的安全，以政府的资金保证个人存款的清偿。在这方面，国家信用一定程度上代替了银行信用。

从实际的实行效果上来看，2015年之前我国实施的隐性存款保险制度存在较大缺陷，给这种存款保险制度的实际保险人（政府）带来了很多风险和隐患。具体表现在：

第一，在资金方面，给国家带来了巨大的经济损失。如我国隐性存款保险制度的资金来源主要为财政资金、外汇储备及中国人民银行提供的再贷款。如1998年海南发展银行破产①，正是由国家提供资金清偿最后的债务。

第二，在市场风险方面，隐性存款保险制度使得经营不善、管理不力的金融机构及其管理层所承担的责任很小，这样会引发严重的道德风险，而这种道德风险的逐渐累积，不利于整个金融体系的稳定运行。

第三，在危机处理机制方面，隐性存款保险制度决定了国家在处理金融机构危机时，主要根据个别事件的情况个别处理，没有形成统一、公开、透明的危机处理机制，也没有建立常设的协调组织，更多的只是临时性地成立协调机构处理危机，而这样又容易造成恐慌情绪的迅速蔓延，延误危机处理的最佳时机，增加危机的处理成本。

---

① 海南发展银行是中华人民共和国成立后第一家因经营管理不善而关闭的银行。海南发展银行关闭时，中国人民银行为了清偿居民储蓄及合法利息等债务，提供了40亿元人民币的再贷款，并进入清算程序。

我国自亚洲金融危机以来，连续几年采取扩张性的货币政策，降低法定存款准备金率、调低存款利率、开征利息税，直到2005年股改实行之前，我国的宏观金融形势一直较为乐观。但是自2004年开始，各地房价上涨，同时伴随着物价上涨，使得许多经济学家认为经济有过热的倾向。于是，2008年我国开始明确表示实行紧缩性的货币政策，以控制物价为主要目的，紧缩银行贷款总量，提高存款准备金率。这些政策必然会给各商业银行带来一定的经营风险。虽然我国近些年来银行存款数额在不断增加，但一些城市的房价有一定程度的下调，房贷也面临成为不良贷款的风险，部分居民又开始担心银行会存在危机，所以我国建立存款保险制度已是必然。当然，我国整体宏观经济形势仍然向好，居民收入、投资、消费等环节尚未出现大的问题，国家实体经济运行也较为稳定，所以显性的存款保险制度必定是适合我国国情的存款保险制度；同时还需要充分考虑到保险人所面临的风险，切实做好风险防范。

5.2 我国建立存款保险制度的风险防范

我们从墨西哥金融危机中存款保险制度的情况可以看出，有限存款保险制度在金融危机前后的效果优于无限存款保险制度；从亚洲金融危机中日本的存款保险制度中可以看出，限额存款保险制度更有利于一国银行风险的防范；而在美国银行危机中美国存款保险制度的改革表明，差别费率存款保险制度更适合危机发生前的防范和危机后相关主体的利益保护。结合我国的实际国情，并从我国《存款保险条例》的相关条款上看，我国建立的是显性存款保险制度，即强制多数银行机构参保、限额赔偿，在费率确定上采取了由基准费率和风险差别费率共同构成的费率制度。下面就我国建立此存款保险制度的风险防范做出讨论。

5.2.1 隐性存款保险制度向显性存款保险制度转变中的风险防范措施

1）立法先行，建立健全显性存款保险制度的基础，防止逆向选择

2015年以前，我国金融业在对外开放过程中的风险，以及部分中小金融机构不断暴露出的经营风险等，使得隐性存款保险制度已经不能有效防范银行挤兑与系统性金融危机，有法律制度保障的显性存款保险制度的实施迫在眉睫。

一是在存款保险制度实施过程中，需要有完善的法律框架和具体实施细则，使存款保险制度的运行有更明晰的执行依据。自2015年5月1日起，《存款保险条例》（国务院令2015年第660号）正式施行，这标志着中国的显性存款保险制度正式建立，可以看出在国家法律层面上防范银行挤兑和系统性金融危机的政策不断完善。

二是在法律框架下明确存款保险制度的基本模式。《存款保险条例》明确了这一制度模式：投保机构向存款保险基金管理机构缴纳保费，形成存款保险基金；存款保险基金管理机构依照条例的规定向存款人偿付被保险存款，并采取必要措施维护存款以及存款保险基金的安全。

三是健全银行业知识产权法、破产法、最后贷款人制度等必要的金融法规，从而进一步改善存款保险制度的法律基础环境。

2）改变思维观念，继续加强竞争意识，做好银行经营风险的防范

鉴于长期以来隐性存款保险制度的存在，我国许多金融机构无形中产生了一种"大而不倒"的理念；同时隐性存款保险制度的那种无

明确法律规定，金融机构发生危机有政府在后面支撑的思想也在人们心中根深蒂固，此时需要进一步改变各级金融机构和存款人的思维观念。同时，继续扩大银行业竞争的范围，让金融机构在竞争中做好风险防范，延伸显性存款保险制度建立的效果。

3）防止"逃离现金"或"质量投靠"，预防风险国际传导

由于之前隐性存款保险的范围不包括储户因遭受挤兑而造成的损失，因此许多存款就会从脆弱的银行（未被保护）转入安全性相对较高的金融机构，甚至流至国外，形成"逃离现金"或"质量投靠"现象，这是保险人所不愿见到的。这种现象随着显性存款保险制度的建立也在不断改善，但仍然有部分中小金融机构并不在参加存款保险机构的名单中，这会让政府的信誉受到很大考验，存款保险机构面临较大的风险。

5.2.2　实施强制存款保险制度形成的风险防范措施

在《存款保险条例》实施后开业的吸收存款的银行业金融机构，应当自市场监督管理部门颁发营业执照之日起6个月内，按照存款保险基金管理机构的规定办理投保手续。由此，我国存款保险制度转变成强制存款保险制度。

1）由法律强制要求合格的存款金融机构进入存款保险体系，满足保险大数定律，防范保费缴纳风险

目前我国的存款保险制度实行的是强制性投保，即银行业金融机构必须参加存款保险。我国在实行强制存款保险制度时，采取了先紧后宽的策略，即在存款保险制度实行初期，将经营稳健、财务状况良好，或在全国范围内影响力较大的存款金融机构纳入存款保险体系。我国的存款金融机构分三个批次进行强制存款保险。第一批次为国有大型商业银行、经营稳健的股份制商业银行以及其他已上市的银行；

第二批次为未上市的地方性商业银行、中小型商业银行及城市信用社和农村信用社；在我国存款保险制度运行稳定后，可以将经营业绩较差的存款金融机构纳入该体系中，作为第三批次，完全保障整个金融市场发展的稳定性。这种差别对待、先紧后宽的强制存款保险制度既可以有效防范逆向选择带来的金融风险，又有利于存款保险制度建立初期的稳定性。在自由加入和退出的制度下，资产状况较好的银行由于自身经营状况良好，通常不存在需要存款保险机构救助的可能，加入存款保险体系，定期缴纳保险金，往往是用自己的经营收益来为破产银行买单。因而，很多运营良好的银行不愿意加入，这将直接导致存款保险基金入不敷出，存款保险制度失败。因此我国在实行存款保险制度时，强制国有商业银行以及一些资产状况良好的股份制银行优先加入，一方面可以避免其倒闭的风险；另一方面，就算体系内存在一部分资产状况较差的存款金融机构，也不会给破产金融机构的清偿带来很大的难度。

2）在实行强制存款保险的同时，严格对金融机构进行资格审查，防范财务风险

如果将所有存款金融机构纳入体系仍不能负担破产金融机构的损失，就有必要对加入存款保险制度的金融机构的资格进行审查。比如，农村信用社的贷款对象往往是一些农户、乡镇企业以及农村经济组织，这些经济体本身就具有规模小、盈利低、风险大的特点，农村信用社的资产状况普遍较差。因此，单纯的强制加入政策未必能够起到预期的效果。在这种情况下，应该在建立存款保险制度时，对经营状况差、不良贷款比率较高的农村信用社进行集中整治，对于问题严重、经多方施救仍难起死回生的信用社进行资产重组或破产清算，提高资产质量，以免其纳入存款保险体系后大规模破产，给刚建立的存款保险基金带来难以弥补的损失。

3）充分利用职责权限，建立良好的信息沟通和协调机制，预防国际金融市场风险的传导

在强制存款保险制度中，存款保险机构应建立与世界各主要金融监管机构之间的良好信息沟通和协调机制，在关键时刻采取及时纠正行动。同时，在国内充分实现监管权、资产处置职能与存款保险职能的有效结合，保证金融安全网功能的发挥，将大多数金融风险提前消除，降低存款保险制度运行的成本。由于监管效果决定了存款保险制度的最终运行效果和基金运作的财务目标，所以，存款保险机构有内在动力来利用职责权限，执行这种监管与资产处置职能，并能与其他国际监管机构进行信息共享，以增强其金融安全保护功能。

5.2.3　实行限额存款保险制度的风险防范措施

限额存款保险制度提供的直接承保范围和金额都是有限制的，可以减少存款人为获得高额利息收入而进行逆向选择的风险，让投保银行在经营过程中加强风险防范，防止风险在系统内传导。目前我国存款保险最高偿付限额为人民币50万元。中国人民银行会同国务院有关部门可以根据经济发展、存款结构变化、金融风险状况等因素调整最高偿付限额，报国务院批准后公布执行。虽然有了限额存款保险制度的保障，但对于保险人来说，存款保险限额本身的风险仍然是存在的，在实施过程中应注意防范。

1）建立保险限额的通货膨胀调整机制，防范限额价值波动造成的经营风险

由于通货膨胀和通货紧缩的存在，保险限额的真实价值经常发生变化。为抑制通货膨胀对存款保险制度效率的削弱，我国在存款保险制度中规定可建立存款保险限额的通货膨胀调整机制，以有效引导存

款人的预期，增强公众对存款保险基金的信心①。将限额与通货膨胀挂钩除了能减少物价变动对保险限额真实价值的影响、增强存款人对存款保险制度的信心外，还有助于银行和存款人更好地预测保险限额变动的时间和数量，从而能更有效地制订财务计划、降低成本。

2）合理进行存款保险基金的融资安排，预防保费缴纳风险

存款保险机构的资金来源必须充足并且及时，不然会妨碍当局及时处理那些发生危机的机构，使危机造成更大的破坏。我国存款保险基金的融资安排目前包括投保机构缴纳的保费、在投保机构清算中分配的财产、存款保险基金管理机构运用存款保险基金获得的收益，以及其他合法收入。但不管采取哪一种或哪几种融资安排，一定要注意资金的安全性。基金来源不能过于单一，否则一旦发生风险损失，政府承担的风险过大，不利于金融市场的正常运行。

3）采取限额赔付和比例赔付相结合的方式，防止逆向选择的发生

存款保险制度实行限额赔付时，损失可以由银行、存款人和存款保险机构三方共同承担。我国建立的存款保险制度以限额赔付为基础，采取限额赔付和比例赔付相结合的方式，设定了最高赔款限额以后，超过最高赔款限额的部分采取比例赔付的方式。这样可以在充分保护中小储户利益的基础上兼顾大储户的利益。另外，《存款保险条例》规定同一存款人在同一家投保机构所有被保险存款账户的存款本金和利息合并计算的资金数额在最高偿付限额以内的，实行全额偿付；超出最高偿付限额的部分，依法从投保机构清算财产中受偿，这也是杜绝储户的投机行为的一种有效方式。

---

① 如美国自成立联邦存款保险制度以来已先后6次进行保险限额调整。新的法案通过指数化方案来确保保险限额实际值的稳定增长，授权联邦存款保险公司董事会和国家信用合作社管理局理事会根据通货膨胀率，共同决定存款保险基金和国家信用合作社保险基金的存款保险限额。

5.2.4　差别费率的存款保险制度建立后的风险防范措施

1）拓宽信息来源渠道，遵循信息完全化原则，防范道德风险

由于信息的不对称是产生这些问题的根源，因此要解决这个问题必须确保存款者和银行之间的信息公开化、公平化、透明化。要做到这一点，可以通过对银行及其他存款金融机构进行股份制改造，积极推进它们上市，使银行的行动和收益可以从股票市场股价的变动中反映出来；银行也可以通过存款者的行动来决定自己的行动。当然，对于冒进者的风险行为进行惩罚，让其对自己的行为付出应有的代价，是抑制道德风险的有效方法。

2）强化投保银行内部风险约束，实现投保人与保险人之间的良性互动

保险费率应当体现银行经营的风险，目前存款保险费率由基准费率和风险差别费率构成。费率标准由存款保险基金管理机构根据经济金融发展状况、存款结构情况以及存款保险基金的累积水平等因素制定和调整。实行差别保险费率能在一定程度上促使银行加强对自身业务风险的控制，但是，操作中对于各种金融机构的风险程度很难客观评价，如公开风险程度，有可能会动摇市场信心，导致金融秩序的不稳定。相对于统一保险费率，有了基准费率的保证以后，差别保险费率相对较为公平，对于风险管理较好的银行实行低保险费率，既可以减少其成本开支，又可以促进其加强自身的风险管理，减少风险损失的发生；对于风险程度较大的银行实行较高的保险费率，增加了其经营成本，强化银行风险意识，促使银行稳健运营。为强化银行内部的风险约束机制，实现银行和存款保险机构之间的良性互动，根据各银行的风险级别、风险管理水平、经济状况等因素设定不同保险费率较为合适。

3）结合我国国情，制定合理的差别费率体系

我国存款保险制度差别费率的制定既要保证保费的合理性和公平性，还要调动投保机构的主动性，改善自身的资产负债结构。合理性是针对整个投保机构而言，保费既要满足给付能力的要求，又不能高到有损投保人的利益。公平性则是针对单个投保机构而言，保费应与投保机构的具体风险相结合。由于我国的存款金融机构由国有大型商业银行、全国性及区域性商业银行、农村合作银行及信用社、其他中小型存款金融机构、中外合资及外商独资存款性金融机构构成，它们的风险状况显然不一样，如果采用简单一刀切的统一费率，会有失公平。应该在基准费率的基础上，根据各类金融机构的整体风险状况制定对应的费率。通常认为管理严格、风险控制好的银行所缴纳保费的费率相对较低，而风险大、管理混乱的金融机构所缴纳保费的费率应与其风险水平相挂钩。差别费率可参考金融监管机构对金融机构经营状况的评估指标，如资本充足状况、资产安全状况、流动性状况、盈利性状况、管理状况等，赋予这些指标权数，然后再综合打分，进而确定各自的费率标准。

5.3　我国存款保险制度建立后的风险防范

早在2006年中国人民银行就发布《中国金融稳定报告》，指出存款类金融机构的问题逐步得到解决，已不存在系统性金融风险。央行将加快建立覆盖所有存款类金融机构的存款保险制度，加强对存款人的保护，并形成对金融监管的有效补充；加快建设金融安全网，保护存款人、投资者和被保险人的合法权益。2015年5月1日我国存款保险制度施行，但同时还面临着一些隐性风险，如何在建立后进行风险

防范也是需要考虑的问题。

5.3.1　实施审慎性监管原则

　　存款保险制度实际上是一种公开、透明的制度，银行业实施审慎性监管是存款保险制度低成本、可持续运行的前提条件。这也是美国联邦存款保险公司在20世纪90年代初期遭受了超过1 000亿美元的巨额损失之后得出的惨痛教训。存款保险公司在金融机构破产清算时要料理其"后事"，在经济上赔偿存款人的存款，这就使得它也成为金融系统监管的一道屏障。存款保险公司从自身利益的角度出发，对金融机构的监管应更加审慎而全面。

　　以前，存款人对银行业的信任完全来自存款保险制度，现今，存款人对银行业的信任更多来自审慎性监管。存款保险是一种事后弥补存款人损失的机制，而审慎性监管是一种事前降低存款人损失概率的机制。如果这个方案能够有效实施，该原则将很大程度上降低存款保险制度的银行经营风险和国际金融市场风险。

5.3.2　加强对银行业的监管

　　从保护存款人利益的角度出发，通过增强监管的有效性而使金融机构退出的成本最小化，能够最大程度保护存款人的利益。我国实施显性存款保险制度的一个必然结果就是允许银行等机构随时退出。因此，在以后制定相关法律法规时，有必要对银行等机构的退出机制做出明确规定。同时，存款保险是有成本的，容易产生道德风险，因此，进一步改进金融监管，特别是对存款银行的监管，提高监管质量是建立存款保险制度的必然要求。对于我国来说，在建立存款保险制度以后，要营造良好的监管环境，改革银行的管理机制。通过建立市场化的风险补偿机制，确立补偿规则，各个债权人可以得到公平、公正的补偿。同时，通过市场化运作，减少金融机构退出市场的成本，从而保护广大存款人的利益，也减少存款保险机构的损失。

监管机构和存款保险机构要掌握银行准确而及时的信息，以便在必要时采取立即纠正措施和有效迅速的干预，这些信息主要来源于银行提交的报告和现场检查，但监管机构和存款保险机构也应注意市场暗示的银行状况。监管机构和存款保险机构应及时、充分地沟通有关信息，通过监管合作和有效的信息交流共同加强对银行的风险控制。在加强外部监管的同时，完善内部监管。

5.3.3 加强存款人约束

道德风险可以通过银行股东、存款人和其他债权人以及社会公众的监督来减弱。提高存款人的风险意识，使存款人认识到存款保险制度能够减少银行的经营风险，防范银行倒闭，而不是"保证"银行不倒闭。存款人加强对银行的监督，可以促进金融的稳定和经济的发展。有效的市场约束机制必须辅以稳健的财务制度和行之有效的信息披露作为强有力的支撑，要做到产权明晰、竞争有序、法律规范，要允许破产、适时退出等机制作为存款保险制度的前提条件，发展和完善多元化金融体系，努力培育中小型金融机构，创造公平有序的金融环境。所以要加强存款人约束，提高存款保险制度的透明度，督促银行建立信息披露制度。监管机构应要求银行及时、准确地向公众披露自身的资本水平、风险程度和经营状况等应公开的信息，以便公众做出判断和选择，让银行直接面对市场的压力和监督，自觉规范经营行为、改善经营状况、提高经营水平以赢得竞争优势。

5.3.4 建立风险预警机制

在由商业银行、存款保险机构和存款人组成的存款保险体系中，若要对其运作进行有效监督、测评风险水平，可以考虑通过创立一个属于监管部门但独立进行商业银行日常风险测评的机构来分化体系中各个组成部分的分工，通过将监督和风险监测等功能分配给不同部门，建立有效的中小存款人对商业银行的监督体系。

国家金融监督管理总局[①]是我国的金融监管机构，负责监督和管理银行业和保险业；制定并实施银行监管规则和政策，包括资本充足性、风险管理、内部控制等方面的要求，以确保银行业的稳健运营和风险防控。

在此基础上，存款保险体系中还可以增加一个风险预警机构，它可以作为一种独立的体系对商业银行一段时期的风险业务数据进行收集，使用模型衡量其风险水平，并将分析结果提供给监管部门或具有监管权限的存款保险机构。同时将银行风险信息进行分析整理，以公共信息的形式向广大存款人传达[②]。由此，监管部门与具有监督权利的存款人在解决了信息不对称问题后，能够从官方和市场两个方面对商业银行利用存款可能进行的高风险行为施加压力，迫使其规范经营。因此，利用风险预警机制，可以节约监管成本并提升监管效率，进而降低存款保险制度中保险机构的风险，促进金融稳定发展。

5.3.5 加大银行存款保险宣传

自2015年我国实施显性存款保险制度以来，该制度在提振储户信心、稳定社会秩序和增强中小银行竞争力等方面发挥了重要作用。这归功于存款法定保障观念逐渐深入人心。然而，当前银行对存款保

---

① 2018年3月，由中国银行业监督管理委员会和中国保险监督管理委员会合并组成中国银行保险监督管理委员会；2023年3月，中共中央、国务院印发了《党和国家机构改革方案》，在中国银行保险监督管理委员会基础上组建国家金融监督管理总局。
② 信息披露问题是不可回避的：首先，需要建立一个有效的信息披露机制，这个有效的信息披露机制应该是符合纳什均衡的；其次，这种信息披露机制的实现需要法律、政策环境的支持。

险制度的宣传力度，尤其是存款相对薄弱的中小银行的宣传力度仍然不足。因此，银行应在以下方面进行优化：

首先，完善宣传执行机制并健全激励约束机制。特别是对于中小银行，尤其是位于农村地区的乡镇银行来说，需要不断激励基层员工积极开展制度宣传，以增强中小银行的存款竞争力。

其次，建立存款保险宣传分层机制，对于重点区域、重点人群进行重点宣传，如乡村中的农民群体和城镇中缺乏金融知识的个体工商户。通过有针对性的宣传，能够及时改变他们的观念。

最后，丰富存款保险制度的传播手段。目前中小银行的宣传方式相对单一，宣传内容流于形式。因此，需要采取多种渠道进行宣传，并使宣传内容更加丰富，以便储户和当地居民更容易理解存款保险制度的内涵。

我国存款保险制度运作中的风险与金融监管

6.1 实施存款保险制度可能遇到的困难

实施存款保险制度能够加强对存款人的保护，并形成对金融监管的有效补充。作为金融安全网的三大支柱之一，存款保险制度能够保护存款人、投资者和被保险人的合法权益。如何在制度建立后进行风险防范也是需要考虑的问题。我国在2015年才开始建立显性存款保险制度，还没有足够的经验，在推行存款保险制度过程中必然会遇到多重困难。

6.1.1 银行破产的可能性

银行作为一种负债经营的行业，存在因经营失败而导致破产的风险。自银行业产生以来，存款安全一直是该行业最受关注的问题。截至2022年年底，我国已有6家银行宣告破产，它们分别是海南发展银行、北海市城市信用社、格尔木市农村信用社、汕头商业银行、河北肃宁尚村农村信用社、包商银行（见表6-1）。

表6-1　　　　　　　我国商业银行破产事件汇总

破产时间	银行	破产方式	破产原因	处置情况
1998年	海南发展银行	行政关闭	不良资产率超标，造成流动性风险	中国工商银行承接其全部债务
1998年	北海市城市信用社	行政关闭	高风险经营，兑付困难，发生挤兑	中国建设银行和中国工商银行负责清算登记
2005年	格尔木市农村信用社	撤销	违规经营，巨额亏损	央行承接其债务

破产时间	银行	破产方式	破产原因	处置情况
2011年	汕头商业银行	并购重组	亏损严重，资不抵债	哈尔滨银行和广东华兴银行注资后重组
2012年	河北肃宁尚村农村信用社	破产	经营困难，巨额债务	河北省政府对其执行破产清算
2019年	包商银行	司法裁定破产	违法占款，资不抵债，造成信用危机	存款保险基金管理公司执行清算并进入破产程序

数据来源：中国银保监会官网。

导致银行破产的可能原因主要有两个方面：一方面，存款和贷款是银行最主要、最传统的业务，由于市场化条件下，银行与客户之间存在信息不对称，这容易增加银行的道德风险；一旦出现道德问题，存款人的利益受到损害，就会失去对银行的信心，从而产生挤兑现象。另一方面，当前金融环境较为宽松，银行业务范围相对较广，这使得银行的职能可能膨胀，从而大大增加发生金融危机的可能性。在这种情况下，商业银行面临着信用风险、利率风险、流动性风险等系统性和非系统性风险，这增加了银行破产的可能性。

从另一角度来看，影响商业银行破产可能性的因素可以分为宏观因素和微观因素。

1）影响银行破产可能性的微观因素

微观因素主要是银行自身的特征因素，主要包括商业银行杠杆率、商业银行总资产规模、商业银行盈利能力、商业银行存款增长率、商业银行不良贷款比率等。

第一，商业银行杠杆率。银行的杠杆率又称权益乘数，是银行总资产和所有者权益的比值。由会计恒等式可知总资产是负债和所有者权益的总和，杠杆率反映了经济主体的资产与负债之间的数量关系。银行杠杆率衡量了银行的偿债能力。在一般情况下，商业银行杠杆率与商业银行破产可能性成正比，银行杠杆率越高，银行负债在总资产中的比例就越大，银行发生危机时资产不足无法偿债的可能性就越大，商业银行破产的可能性就越高。

第二，商业银行总资产规模。银行资产规模的大小代表银行处理危机能力的强弱。一般情况下，银行规模越大，银行的结构体系越完整，银行处理危机的能力越强，银行破产的可能性就越小。目前我国的银行业总资产规模一直在增加，说明我国的银行结构体系越来越完整，总体上银行破产的可能性较小。

第三，商业银行盈利能力。商业银行的盈利能力包括营业收入增长率、利润与资产的比值、成本收入比等方面。通常情况下，盈利能力好的商业银行往往拥有更充足、流动性更好的资金，能够更好地偿还商业银行的债务。而盈利能力差的商业银行在发生危机时往往无法及时偿还银行的债务，盈利能力越差，商业银行的破产可能性越大。

第四，商业银行存款增长率。商业银行的存款增长率反映了商业银行吸收存款的能力。存款吸收业务是银行的基本业务，如果一家商业银行存款增长率一直为正，吸收存款的能力不断增强，更有利于推动这家商业银行其他业务的开展。但是，存款增长率为正，存款不断增加也意味着银行的负债增多。因此，商业银行的存款增长率也能对商业银行的破产可能性产生影响。

第五，商业银行不良贷款比率。不良贷款比率是指银行不良贷款占总贷款的比重，其中不良贷款包括次级类贷款、可疑类贷款以及损失类贷款。商业银行不良贷款比率反映了商业银行信贷资产的安全状况，也能对商业银行的破产可能性产生影响。

2）影响银行破产可能性的宏观因素

影响银行破产可能性的宏观因素主要包括经济发展状况、相关的监管政策等。

首先，经济发展状况。一个国家经济发展状况的变化也会对商业银行的破产可能性产生影响。当一个国家的经济发展良好时，社会发展环境稳定，与之相适应的金融市场环境也相对良好，银行有稳定的业务支持，商业银行破产的风险就较低。相反，当一个国家的经济发展环境不好时，社会和金融环境也会受到影响，银行面临危机的可能性增大，商业银行破产的可能性也增加。

其次，国家相关的监管政策。国家提出的各项方针政策也会对商业银行的破产可能性产生一定影响。一般来说，国家相关的监管政策越严格，商业银行的破产可能性越小；而国家监管政策宽松，商业银行可能会为了追求高收益而采取更激进的经营策略，商业银行破产的可能性就会增加。

综上所述，虽然我国已经建立了存款保险制度，但储户仍然需要注意防范商业银行破产的可能性。存款保险机构的功能和存款保险制度的适用性需要更加协调。

6.1.2　存款保险机构与中央银行及银行业监督管理机构监管职能的协调

我国《存款保险条例》第十四条规定，存款保险基金管理机构参加金融监督管理协调机制，并与中国人民银行、银行业监督管理机构等金融管理部门、机构建立信息共享机制。我国的中央银行、金融监管机构及存款保险机构的主要监管职能如下：

1）中央银行的监管职能

中国人民银行是中国的中央银行，承担着货币政策制定和金融稳定监管的重要职责。其主要监管职能包括：

第一，货币政策制定。中国人民银行负责制定和执行货币政策，包括调控货币供应、利率水平和汇率政策等，以确保国内金融市场的稳定和经济的持续发展。

第二，外汇管理。中国人民银行管理着中国的外汇储备，包括管理和监督国际收支、外汇市场运作以及外汇管理政策的实施，以维护外汇市场的稳定性，维持跨境资金的合规流动。

第三，银行监管。中国人民银行负责对银行体系进行监管，包括监督和管理商业银行、政策性银行和其他金融机构的运营，确保它们符合合规经营、风险管理和稳定运营的要求。

第四，支付体系管理。中国人民银行负责管理和监督国内支付系统的安全、高效和便利运行，推动支付体系的现代化和创新发展，包括电子支付、移动支付和跨境支付等。

第五，金融稳定。中国人民银行负责监测金融体系的稳定情况，制定并执行相关政策和措施，以预防和化解金融系统的风险，同时维护金融体系的稳定运行。

综上所述，中国人民银行在货币政策、外汇管理、银行监管、支付体系管理和金融稳定等方面扮演着重要角色，以促进金融体系的稳定发展和经济的持续增长。由此可以看出，中央银行的监管职能全面涵盖金融监管的各个方面。

2）国家金融监督管理总局的监管职能

国家金融监督管理总局（以下简称"监管机构"）在存款保险监管方面承担着多项重要职能。详细阐述如下：

第一，许可和注册。监管机构负责审核和批准存款保险机构的设立，并确保其符合相关法规和监管要求。存款保险机构的设立和运营必须获得监管机构的许可和注册。

第二，监督和检查。监管机构对存款保险机构进行监督和检查，以确保其合规运营、风险管理和保险赔付的有效性。监督和检查的内容包括资本充足性、风险评估和管理、内部控制和合规性等方面。

第三，制定监管规则。监管机构制定并发布存款保险机构的监管规则和指导意见，明确监管要求和标准，以保障存款保险机构的稳健运营和风险控制。监管机构持续关注金融市场发展和监管环境变化，根据需要进行相应的政策调整和改革。

第四，风险评估和应对。监管机构对存款保险机构的风险状况进行评估，并要求存款保险机构根据评估结果制定风险管理和应对措施。监管机构还对存款保险机构的风险暴露进行监控，并在需要时采取相应的措施进行风险应对和处置。

第五，信息披露和透明度。监管机构要求存款保险机构及时、准确地披露相关信息，以保障投保机构和存款人的知情权和选择权。监管机构还会监督存款保险机构的业务运作和合规度，并对重要信息进行公开披露。

通过以上职能，监管机构确保存款保险机构合规运营，保护存款人的权益，维护金融体系的稳定运行。监管机构积极适应金融市场的发展和监管环境的变化，根据需要进行政策调整和改革。同时，监管机构持续加强与其他监管职能部门和国际组织的合作与交流，提高中国存款保险监管的国际化水平。通过不断完善监管制度和强化监管能力，监管机构努力确保存款保险市场的稳健发展，为金融系统的健康运转提供坚实保障。

3）存款保险机构的监管职能

存款保险机构即存款保险基金管理机构，是中国存款保险制度的具体实施机构，其主要职责是管理存款保险基金并进行存款保险赔付。存款保险基金是由各家银行按照一定比例缴纳的资金，旨在保障存款人在银行破产或无力偿还存款时获得赔偿。存款保险基金管理机构依照监管机构的规定，负责对存款保险赔付进行执行。然而，当前的存款保险机构在监管上的功能相对较弱，主要充当制度的实施机构。

通过对监管职能部门的描述，我们可以发现，中国的存款保险监管体系主要以中央银行全面掌握、国家金融监督管理总局负责调控和监管、存款保险机构具体实施为层次结构。然而，显而易见的是，存款保险机构作为存款保险基金管理机构，在监管权力方面存在一定的弱化，无法有效开展风险管控工作。此外，存款保险机构与中央银行及金融监管机构在监管职能上的协调性还有待进一步加强，存款保险制度的适用性问题也需要得到解决。

为了强化存款保险机构的监管职能，有必要加强其与中央银行和金融监管机构的沟通和协作。监管机构应当充分利用各方资源，加强信息共享与交流，建立起更为紧密的合作机制。此外，监管机构可以加强对存款保险机构的监督检查和风险评估，确保其合规运营，以及在风险管理方面的有效性。同时，监管机构还应制定更为明确的监管规则和指导意见，为存款保险机构提供明确的操作指南，并对其业务运作和合规度进行全面监督。

另外，为了解决存款保险制度的适用性问题，监管机构可以进一步完善监管制度和政策，以适应金融市场的发展和变化。监管机构可以加强风险评估和监测，及时发现和应对存款保险机构的风险暴露问题。监管机构还可以推动存款保险机构加强风险管理和防范措施的建设，提高其抵御风险的能力。

总之，中央银行、金融监管机构、存款保险机构应协调合作，加强监督检查和风险评估，制定明确的监管规则和指导意见，以及完善监管制度和政策。只有通过这些努力，才能有效保护存款人的权益，维护金融体系的稳定运行。

6.1.3 存款保险的法律适用性问题

存款保险制度是国际公认的国家金融安全网三大支柱之一，我国自2015年《存款保险条例》施行以来，以行政法规的形式确立了存款保险基本制度，对有关问题做出了原则性规定，搭建了基本制度框架，在维护金融市场的稳定、保护存款人的切身利益以及提升群众对我国银行体系的信任度等方面都产生了一定的积极影响。但《存款保险条例》作为行政法规，其本身形式和内容较为简单，制度设计过于笼统，条例具有很强的原则性而具体操作性不够，导致该项法规在制度设计上与实际需求之间仍有较大差距。从《存款保险条例》相关条文来看，我国存款保险基金管理机构被赋予了一定的监管权，但这种监管权在立法上被一定程度弱化。由于缺乏完全的监管权，在实际运作中，存款保险基金管理机构面临很多窘境，存款保险的法律适用性亟须结合实际予以完善。存款保险基金管理机构缺乏独立调查权、现场检查权、行政处罚权，并且建议权难以落实。这些问题限制了存款保险机构监管效力的发挥和对投保机构的有效监督，有加大金融风险的隐患。

首先，存款保险机构缺乏独立调查权。根据《存款保险条例》的规定，存款保险机构只能通过信息共享机制获取监管信息，对于投保机构的异常运营情况和经营风险等重要信息，无权开展独立调查。此外，在我国的"一行两会"分业监管模式下，信息共享机制运行不畅，信息梗阻现象依然存在。不同监管机构对同一投保机构的风险状况评估常常存在较大分歧，导致相关数据无法充分互认，信息获取的及时性、便利性和准确性大打折扣。

其次，存款保险机构缺乏现场检查权。尽管《存款保险条例》规定存款保险机构可以进行核查，但与一般行使公权力的行政机关拥有的检查权相比,其"核查权"受到法律限制。存款保险机构的核查权脱胎于商业保险,主要适用于商业关系中保险公司与投保人之间的信息核查。然而,在存款保险制度中,存款保险机构与投保机构的关系不仅仅是简单的商业关系,而是一种强制性政策行为,以实现公共政策目标为主导。因此,存款保险机构对投保机构风险信息的现场核查行为具有公共属性,应当具备行政行为的权威性。

再次,存款保险机构缺乏行政处罚权。根据《存款保险条例》的规定,存款保险机构发现投保机构的问题后,仅能告知金融监督管理机构,不能直接对投保机构进行行政处罚。对于投保机构存在的资本不足等影响存款安全和存款保险基金安全的情况,存款保险机构仅能提出风险警示,而无法采取实质性的行政处罚措施。此外,即使投保机构存在严重违规行为,存保机构也只能采取柔性处理措施,如责令限期改正、予以记录、予以公示、加收滞纳金等。存款保险机构行政处罚权的缺乏导致核查中发现的各类违规问题的后续处理无法落地,同时也助长了投保机构报送虚假信息的行为。

最后,存款保险机构的建议权难以落实。《存款保险条例》规定,存款保险机构发现投保机构存在严重违规情形时,可以建议金融监督管理机构采取相应措施。然而,在实际操作中,存款保险机构的建议权存在一定的制度限制和执行难度。在分业监管现实下,存款保险机构的建议权和中国人民银行的建议处罚权都难以得到充分落实。

综上所述,存款保险机构在监管方面存在缺乏独立调查权、现场检查权、行政处罚权和建议权的问题。为了提高存款保险制度的监管效力,需要授予存款保险机构更多的权力和职责,确保其独立调查权、现场检查权、行政处罚权和建议权的有效运用。

6.1.4　存款保险制度的局限及负面影响

存款保险制度的建立，为金融安全稳定增加了一层防护网。但存款保险机构的作用只是转移风险，并不能完全消除风险，也不可能完全吸收风险，并不具有无限的赔偿能力。如果缺乏有效的金融监管，将所有风险都转移给存款保险机构，那么存款保险机构必然会被大量的问题银行拖垮，产生极大的负面影响。因此，存款保险制度的建立等同于增加了金融安全稳定机制，但它不是一剂万能药，不能解决所有问题，而且有一定的局限性，并不可避免地会对投保银行产生一定的负面影响。

1）"大而不倒"问题仍然存在

"大而不倒"是指政府不会轻易让大银行倒闭，这是国际银行业的惯例。存款保险制度并不是万能的，"大而不倒"问题在我国也会继续存在。建立存款保险制度就是建立了银行的退出机制，但这种退出机制对大型商业银行来说并没有多少作用，实际上可能只会对中小商业银行产生作用。这主要由于大型商业银行的退出后果严重：一是成本巨大。大银行破产损失巨大，存款赔偿额巨大。假如工、农、中、建四大国有商业银行有任何一家退出，其产生的成本将是巨大的，存款保险公司难以承担，完全有可能造成存款保险公司因大银行的破产而一起破产的后果。二是社会风险巨大。即使存款保险公司有能力承担这种损失，但由于涉及存款人数巨大，带来的社会风险巨大，势必使任何决策者都望而却步。这样一来，存款保险制度对中小银行的约束力要远大于对大型银行的约束力。

2）客户存款转移的冲击

存款保险制度建立后，国家不再对所有存款人提供信用保证，不同类型的存款人选择银行的标准会发生改变。

一是作为存款保险制度主要保护对象的居民储蓄存款用户，他们的风险意识会提高，会根据存款保险赔偿限额要求，分散自己的存款，将自己原来存在一家银行的储蓄存款取出，重新存于不同的银行。这种储蓄存款转移的行为，至少在短期内会对商业银行造成一定的冲击。另外，可能还有一部分人认为反正有存款保险赔偿，而不顾风险将存款转移到利率高的银行。

二是同业结构性存款，包括大额协议存款等，不在存款保险制度的保护范围之内，一旦出现问题，完全由存款人自己承担风险。这类存款人会变得比较谨慎，如遇市场波动，会有可能出现转移资金现象，这种转移势必对原存款银行构成冲击。

3）银行经营成本的增加

存款保险制度的推出，一方面，中小银行取得了和大银行同样的信用保障，可以和大银行平等地开展竞争；但另一方面，存款保险费无疑会增加所有投保银行的经营成本，尤其是中小银行，其成本增加幅度会更大。在实行风险差别费率的存款保险制度中，利率市场化形成了利率差异，银行风险等级不同，则保险费率不同。大型商业银行由于其社会信誉度高，资本雄厚，保险费率可能较低。而大量的中小银行，如一些城市商业银行、农村合作银行、民营银行等，其规模较小，经营地域有限，因而风险控制能力较差，保险费率可能较高。存款保险费带来的经营成本的增加，如果不能在中小银行内部有效地消化，就会向客户身上转嫁，这完全有可能使中小银行处于更加不利的市场竞争地位。

4）银行的道德风险

存款保险制度虽然有助于防范、化解金融风险，但也可能导致道德风险、逆向选择问题的增加。对于投保银行而言，可能会认为有了存款保险机构的存在，危机即使发生也不用自己对存款人负责，因而来自存款人的市场约束减弱，从而增加了投保银行涉足过度风险的内在动力，使投保银行赌博心理加重，可能更加倾向于从事风险较高和利润较大的业务。美国20世纪80年代末联邦储蓄和贷款保险公司倒闭和2008年次贷危机的教训，足以说明存款保险制度与道德风险之间的关系。正是由于道德风险的存在，存款保险制度在解决局部银行问题时有积极作用，但并不能完全防止系统性金融风险的发生。截至2022年年底，我国已经宣告破产的银行基本都是地方性小银行，银行的经营业绩一定程度上受到地方经济不景气的影响，并且由于监管不到位，这些银行都出现了股东非法挪用银行资产的行为。由此可知，在我国长期的隐性保险制度下形成的思维方式和经营惯性，导致投保银行的道德风险依然长期存在，并不会因存款保险制度的建立而马上得到改变。

6.2　我国存款保险制度下的道德风险控制

由上节分析可知，道德风险是存款保险制度不可避免的内在挑战。存款保险制度在具体实施过程中虽然增强了社会公众对商业银行的信任度，在维持金融市场稳定等方面产生了一定程度的积极影响，但也会使监管部门和存款人放松对银行的监督。在缺乏监管的情况下，商业银行更愿意从事高风险的业务活动以获取高额利润，由此引发相关道德风险问题。

6.2.1　存款保险制度下的道德风险问题

1）投保银行的道德风险

在存款保险制度下，商业银行通过在存款保险机构缴纳相应比例的保费获得存款保险，以此将商业银行的风险转移至存款保险机构，降低了自身风险。由于存款保险制度保障投保银行的存款，商业银行在具体运营过程中就容易产生道德风险，主要体现在以下三个方面：

第一，商业银行按照保险费率和自身存款规模向存款保险机构缴纳相应的存款保险费用，但是在具体实施过程中，经营高风险业务活动的商业银行将自身的经营风险转移至存款保险机构，一旦其成为问题银行，这种风险可能最终由所有投保银行共同承担。在这种情况下，从事风险业务较少的稳健经营的商业银行最终承担的风险成本远远高于实际经营的风险成本；而风险水平较高的商业银行由于通过存款保险制度分散了自身的经营风险，最终承担的风险成本低于实际经营的风险成本。在这种不平等的情况下，越来越多商业银行倾向于从事较高的风险业务活动以获取高额收益，从而导致道德风险的发生。

第二，商业银行通过缴纳保费参加存款保险，而保费的支出增加了商业银行的经营费用，为了弥补保费支出，实现自身利益最大化，商业银行更倾向于从事高风险业务活动以获取高收益。这虽然在短期内会使盈利水平有所提升，但是随着中长期风险的不断积累，就会形成高风险的表外业务，从而加大信息不对称问题，最终商业银行产生的道德风险可能会导致金融市场不稳定。

第三，商业银行由于获得了相应的存款保障，增强了存款人对商业银行的信任，存款人挤兑效应和发生流动性危机的可能性大大降低，商业银行风险控制部门的监管可能会有所松懈。

2）存款人的道德风险

存款保险制度对商业银行存款产生了兜底作用，使得存款人更倾向于关注存款利益，而忽视了潜在的风险，存款人对商业银行的监督作用就会有所降低，容易引发道德风险。

一方面，存款保险制度中最高50万元偿付限额的规定增强了客户对商业银行的信赖，使得存款人更倾向于选择利率较高的商业银行以获得更多的存款收益，却选择性地忽略了高利率背后存在着的高风险，这种逐利行为可能会诱发道德风险问题。

另一方面，在个人存款得到保障的情况下，存款人会过度关注商业银行的存款利率，这可能会使商业银行的经营成本增加，并促使其开展高风险业务。存款业务是商业银行的核心业务之一，为了吸纳更多社会公众存款，商业银行经常通过提高利率、收益和相应福利来吸引存款人存款，这会导致其经营成本增加。商业银行为了弥补增加的负债成本，保持或提升自身的盈利水平，可能会开展高风险高收益业务。

3）监管部门的道德风险

如前所述，《存款保险条例》中规定，存款保险基金管理机构参与金融监督管理协调机制，并与中国人民银行、金融监督管理机构等建立信息共享机制。由此可以看出，中国人民银行、金融监督管理机构和存款保险机构均具备早期纠正的职能，负责监督管理商业银行在经营管理过程中的经济行为。存款保险制度的早期纠正职能要求存款保险机构面向商业银行开展相应的尽职调查与监督工作，但是由于部分职能交叉，而且我国存款保险机构的监管权力弱化，因此无法有效开展风险管控。这些监管部门如果过度信任存款保险制度的保障和存款保险机构的早期纠正职能，便可能对商业银行的监管有所懈怠，就容易产生另一层面的道德风险。

6.2.2 控制道德风险的预防性措施

存款保险制度下，由于社会经济的不断发展，其法律适用性问题以及与其他监管部门的协调性问题，会引发一系列道德风险。因此，需要制定有针对性的预防措施来有效遏制道德风险的产生，以保障我国经济金融的稳定发展。

1）完善风险差别费率机制

风险差别费率是控制道德风险的一种重要手段，被广泛应用于很多经济体。随着存款保险制度的完善和经济金融环境的发展，我国也需要不断完善风险差别费率机制。在这个过程中，有三个关键环节需要特别注意：

首先，提高风险差别费率在存款保险费率中的比重是非常关键的。相关部门应该将保费的多少与商业银行的风险水平挂钩，逐渐增加风险水平较高的商业银行的保费，同时降低风险水平较低的银行的保费。通过这种方式，可以在一定程度上降低商业银行从事高风险业务的积极性。这种差别费率的设计可以激励商业银行更加注重风险管控，从而降低存款保险制度的道德风险。

其次，为了完善风险差别费率机制，相关部门需要建立衡量商业银行相关风险水平的指标。在制定这些指标时，可以借鉴其他经济体的相关经验，并结合我国的宏观经济环境，确定出符合我国实际情况的风险衡量指标。这些指标包括商业银行的资本充足率、风险敞口、贷款违约率等。通过这些指标的综合评估，可以更准确地衡量商业银行的风险水平，进而确定相应的风险差别费率。

最后，还应该建立有效的监测和评估机制，以确保风险差别费率的有效性和公正性。对风险差别费率的执行情况进行定期评估，并及时调整和修正费率标准，以适应经济金融环境的变化和商业银行风险水平的调整。

总之，完善风险差别费率是存款保险制度建设中的重要一环。通过提高风险差别费率在存款保险费率中的比重、建立衡量商业银行风险水平的指标以及建立有效的监测和评估机制，可以有效控制道德风险，提升存款保险制度的效力和可持续性，并促进商业银行更好地管理和控制风险。这些措施的实施将有助于维护金融系统的稳定运行，保护存款人的利益。

2）完善风险差别赔付机制

《存款保险条例》规定全额偿付50万元以内的存款，虽然有助于保障大多数存款人的利益，但容易引发道德风险问题。存款人可能因为这一制度而过度追逐个人利益，选择性忽略风险。同时，商业银行也可能倾向于从事高风险业务，以获得更高的回报。为了解决这些问题，可以尝试引入风险差别赔付机制。

在风险差别赔付机制下，存款保险机构对投保的商业银行进行风险测评，根据其风险水平确定最高赔付比率。风险水平较低的商业银行享有较高的赔付额度，风险水平较高的商业银行赔付额度则相对较低，并且这些赔付额度在全社会公开。在这种机制下，存款人在考虑存款利益的同时会更加关注商业银行的风险水平和社会形象，从而增强了他们的风险意识。存款人的关注和监督将对商业银行的经营活动起到一定的制约作用。商业银行为了维护自身的社会形象，会自觉减少从事高风险业务，以应对风险差别赔付机制带来的影响。这种机制在一定程度上遏制了道德风险的发生。

此外，风险差别赔付机制还可以激励商业银行更加注重风险管理和控制。商业银行需要通过加强风险管理体系的建设，提高风险控制和监测的能力，降低风险水平，从而获得更高的赔付额度。

然而，实施风险差别赔付机制也面临一些挑战。其中一个挑战是如何准确评估商业银行的风险水平。相关部门需要建立科学、合理的评估指标和方法，结合国际经验和我国实际情况，确保评估的公正性和准确性。另一个挑战是如何确保赔付机制的透明性和公正性。相关部门需要建立有效的监管和执行机制，确保赔付制度的公正透明，防止不当行为的发生。

总而言之，引入风险差别赔付机制可以在一定程度上解决存款保险制度中存在的道德风险问题。通过设定最高赔付限额和根据风险水平制定不同的赔付额度，可以引导商业银行注重风险管理，同时提高存款人的风险意识。同时，在实施过程中需要面临评估风险水平的准确性和赔付机制的透明公正性等挑战。通过持续改进，可以进一步提升存款保险制度的效力和可持续性，维护金融系统的稳定运行，保护存款人的权益。

3）完善信息披露机制

信息不对称是商业银行产生道德风险的主要原因之一，因此，我国需要建立健全符合当前国情的信息披露机制，提高信息披露程度，让信息披露更加公开透明。在完善信息披露机制的过程中，相关监管部门要严格约束商业银行的信息披露，使商业银行真实准确地公开经营管理信息和重大事项，使存款保险机构和存款人充分掌握商业银行的经营状况，从而更加积极主动地扮演监督约束的角色。监管部门可以参照《巴塞尔协议》在信息披露方面的规定，结合我国经济金融的发展程度，逐步完善适应当前经济发展需要的信息披露机制，使其与存款保险制度共同发挥稳定金融市场的协同效应。

4）建立健全社会信用体系

建立健全社会信用体系是规范市场经济秩序的治本之策。中国人民银行征信中心在这一方面起着重要的作用，不断完善企业和个人征信系统的维护和升级工作。通过引导企业和个人不断提高诚信意识，可以促使全社会自觉遵守相关规章制度，提高公众的金融防范和危机意识。

同时，市场化征信机构如百行征信等也应发挥积极作用，参与到社会信用体系建设中。政府可以与市场化征信机构合作，共同推动社会信用体系的建设。政府在制定制度和政策方面发挥引导作用，而市场化征信机构通过提供信用评估、风险管理等服务，为企业和个人建立信用记录，促进信用体系的建设。

社会信用体系的建设需要全社会的共同参与和努力。政府和市场化征信机构可以加强合作，通过共享数据来提高信用信息的准确性和全面性。同时，要加强对企业和个人的信用教育和培训，引导全社会树立正确的价值观和诚信意识，从而推动社会信用体系的健康发展。

通过建立健全社会信用体系，可以有效地防范和化解金融风险，维护金融体系的稳定运行。在存款保险制度中，社会信用体系的建设对于保障存款人的权益和促进存款保险制度的高效运行至关重要。只有提升全社会的信用意识，才能建立起相互信任、诚实守信的社会环境，为存款保险制度提供可靠的基础和支持。

6.2.3 对改革我国的金融监管体制的若干思考

在存款保险制度中，其法律适用性问题、与其他监管部门的协调性问题、存款保险机构的监管权力弱化问题以及信息不对称等问题，都需要我们进一步厘清思路，明确职责、协调监管。新一轮党和国家机构改革被社会各界热烈讨论，其中涉及金融监管机构改革的内容备受关注。这些内容明确了金融在我国高质量发展中的战略定位，进一步厘清宏观调控与微观监管的不同职责，确认了监管重点由机构监管转向功能监管、行为监管等，具体包括以下方面：

1）明确金融在国家发展中的重要地位

在2017年全国金融工作会议上，习近平总书记指出："金融是实体经济的血脉，为实体经济服务是金融的天职，是金融的宗旨"，"金融要把为实体经济服务作为出发点和落脚点，全面提升服务效率和水平。"金融作为现代经济的核心与灵魂，对于国民经济的重要意义如下：一是优化资源配置。金融市场可以将资源从储蓄者转移给资金的借款人，促进资源优化配置。二是促进市场投资。金融市场可以为需求者提供资金，促进企业和个人的投资，推动经济发展。三是稳定经济运行。金融可以通过财政政策、货币政策等形式来调控通货膨胀和经济波动，助推经济稳健运行。

正是因为金融对现代经济的全面推动和支撑作用，金融已渗透到现代社会的方方面面，若金融风险不能得到准确识别和妥善处置，其负面影响很可能是跨机构、跨行业的，甚至会造成全社会范围的风险外溢。如市场波动导致金融机构资产质量恶化、机构自身流动性管理失误，以及金融公共基础设施出现故障等问题得不到恰当处置，就会导致社会经济局部运行不畅，从而引发系统性风险。所以，必须提升金融的战略定位，加强党对金融工作的领导，防范和化解系统性金融风险已经上升为国家战略。

2）区分宏观调控与金融监管的职责

金融微观监管与宏观调控之间的关系密不可分，二者相互作用，共同维护着金融市场的稳定与健康发展。金融微观监管旨在对金融机构和市场个体行为进行监管，以保护投资者和储户利益、防范和化解金融风险、促进金融市场健康发展等为目标。而金融宏观调控则通过宏观经济政策手段，对整个经济体进行调节和管理，以维护经济稳定和促进经济增长。机构改革进一步厘清了宏观调控部门的职责，确保中央银行更专注于货币政策和宏观调控。取消中央银行大区行并恢复省分行，有利于进一步理顺中央银行的内部管理体系，降低宏观调控政策实施成本，优化金融管理机构整体布局，并提升区域金融调控能力。同时，取消中央银行县级分支机构也是符合社会经济发展的大势所趋。中国人民银行作为中国的中央银行，主要负责制定和实施货币政策，维护货币稳定和金融稳定，以促进经济的平稳增长。通过货币政策的调控，中央银行可以影响货币供给量、利率水平和信贷条件，以达到调整经济运行的目的。中央银行还负责管理金融市场的流动性，维护金融市场的稳定，并提供支付与结算服务等。

与此同时，金融监督管理部门和存款保险机构等，负责对金融机构和市场个体行为进行监管，以保护投资者和储户的权益，防范和化解金融风险。金融监管部门制定和实施监管政策和规则，监督金融机构的合规经营，确保金融市场的公平、透明和稳定运行。金融微观监管和宏观调控之间存在着紧密的联系和互动。金融微观监管的有效实施可以提供对金融机构和市场个体行为的监督和指导，减少金融风险，并促进金融市场的稳定和健康发展。而宏观调控则通过货币政策、财政政策等手段，对整个经济体进行管理和调节，以维护经济稳定和促进经济增长。宏观调控的有效实施能够为微观监管提供整体的宏观环境和政策支持。

因此，金融微观监管和宏观调控需要相互配合、相互支持。在实践中，金融监管部门和中央银行应加强合作，共同制定和实施金融政策和监管规则，形成有机的协调机制。双方可以通过信息共享、数据交流、风险评估等方式加强沟通与协作，共同应对金融市场的挑战和风险。通过有效的金融微观监管和宏观调控的协同作用，可以实现金融市场的稳定运行，促进经济的可持续发展。

3）区分监管职能，实现金融监管全覆盖

金融监管机构改革将金融监管分为功能监管、行为监管等方面，从而将全部的金融机构和金融活动纳入监管范畴。

功能监管是对金融业务的监管。一种金融业务或产品，应该有统一的规制和市场。每当出现一种新兴业务或产品，若规制不同、市场不同，必然出现监管套利。不同规制、不同市场之间出现竞争，必然降低监管标准和风险标准，在监管套利下形成跨市场、跨业态的金融风险。国家金融监督管理总局的设立，为统一规制、市场确立了基础，同时也奠定了金融业务统一牌照管理的基础。

行为监管是以保护金融消费者权益为出发点，对金融机构进行监管的行为。改革开放以前，人们的金融消费主要是银行存款和取款，保险渗透率不高，股票买卖刚刚起步，金融消费的广度和深度都非常有限，金融消费者保护还不是一个普遍的问题。如今，2022年年末的数据显示，全国境内共开立个人银行账户140.74亿户，人均账户拥有数达9.69个，可以说，人人都是金融消费者。随着金融机构的增多，金融产品的极大丰富，产品的专业性也越来越强，国民参与金融活动的深度与广度已不同以往，金融消费者保护成为金融监管的重要内容。作为金融消费最多的存款类用户，从央行统计数据可见，截至2022年年底，我国住户累计存款金额为120.3万亿元，其中2022年新增存款额为17.84万亿元，这足以看出存款在我国金融市场中的体量和重要地位，更需要存款保险机构承担这项保护职能，强化存款保险机构的监管权力，落实好和央行以及其他监管部门的协调机制，进行统一管理。

4）强化中央事权，压实地方责任

此次金融监管机构改革的目的是统筹优化中央和地方金融管理部门的设置和力量配备，强化监管部门工作人员的统一规范管理，并加强中央有关部门在金融方面的事权。这一改革措施符合我国行政和经济管理的体制特点，有助于减少金融监管体系下的道德风险问题，特别是在存款保险制度下的道德风险问题。通过统筹优化中央和地方金融管理部门的设置和力量配备，可以实现金融监管的协调和一体化。在过去的体制中，中央和地方金融管理部门之间存在着一定的分工和职责划分，但也存在着信息不对称和监管漏洞的问题。通过这次改革，可以加强中央金融管理部门在各地设立的派出机构的统一管理，推动监管工作的一体化和协调发展。这将有助于提高监管工作的效率和监管结果的一致性，减少监管漏洞，进一步强化对金融机构和市场行为的监管力度。

此次改革还规定地方政府设立的金融监管机构不再加挂金融工作局、金融办等牌子，但这并不意味着剥离地方政府的金融管理职责，而是进一步压实地方政府防范和化解地方金融风险的责任。这一举措有助于消除地方政府在金融监管中的潜在利益冲突和道德风险问题。通过取消加挂牌子，减少地方政府对金融监管的直接干预。这样的改革举措有助于建立更加独立、专业和公正的金融监管体系，进一步提升金融监管的效能和水平。

这次改革也有助于减少存款保险制度下道德风险的发生。存款保险制度是为了保障储户的利益和维护金融稳定而设立的，但在实践中也存在道德风险问题。有些地方政府在监管中可能因为地方利益而对金融机构施加过度干预，导致存款保险制度的实施效果受到影响。通过取消加挂牌子的改革举措，可以减少地方政府的直接参与。这样的改革将有助于增强金融监管的独立性和专业性，减少道德风险问题的发生，更好地保障存款人的权益。

综上所述，统筹优化中央和地方金融管理部门的设置和力量配备、加强监管部门工作人员的统一规范管理，以及取消加挂牌子等金融监管机构改革举措，有助于提升金融监管的效能和水平。在存款保险制度下，这一改革也有助于减少道德风险的发生，更好地保障存款人的权益。随着改革的深入推进，金融监管体系将更加独立、专业和公正，为金融市场的稳定与健康发展打造更加坚实的基础。

参考文献

［1］ 德沃特里庞，泰勒尔. 银行监管［M］. 石磊，王永钦，译. 上海：复旦大学出版社，2002.

［2］ 加西亚. 存款保险制度的现状与良好做法［M］. 陆符玲，译. 北京：中国金融出版社，2003.

［3］ 罗滢. 存款保险：理论与实践［M］. 北京：社会科学文献出版社，2005.

［4］ 刘士余. 存款保险制度研究：2005年存款保险国际论坛文集［M］. 北京：中国金融出版社，2006.

［5］ 韩冰. 凤凰涅槃：问题银行救助机制研究［M］. 北京：中国金融出版社，2007.

［6］ 郭文昌. 中国保险业运行风险探析［M］. 北京：中国经济出版社，2007.

［7］ 米什金. 货币金融学［M］. 郑艳文，荆国勇，译. 北京：中国人民大学出版社，2016.

［8］ 张鹏. 从海发展事件看我国央行救助原则的选择［J］. 浙江金融，1999（9）：20-21.

［9］ 项卫星，李宏瑾. 中国是否应该引入存款保险制度［J］. 国际经济评论，2002（5）.

［10］ 徐世澄. 墨西哥银行的私有化和外国化进程［J］. 拉丁美洲研究，2002（2）.

[11]　朱云中. 不对称信息下存款保险机制研究 [D]. 武汉：武汉大学，2005.

[12]　姜磊. 存款保险制度中的银行道德风险困境及其治理 [J]. 生产力研究，2005（4）.

[13]　陈海龙. 存款保险制度风险控制及定价研究 [D]. 重庆：重庆大学，2006.

[14]　闫亮. 存款保险制度研究 [D]. 郑州：郑州大学，2006.

[15]　郑敏，路艳. 基于国际经验的我国存款保险制度模式研究 [J]. 集团经济研究，2007（3）.

[16]　李晓斐. 银行存款保险制度中道德风险的防范 [J]. 商场现代化，2007（3）.

[17]　颜海波. 论监管职权在存款保险制度中的发展 [J]. 上海金融，2007（3）：51-52.

[18]　张学雷，李海燕. 关于构建存款保险法律制度之我见 [J]. 浙江金融，2007（6）：49.

[19]　陈然. 建立中国金融保险制度正当时 [J]. 中国保险，2008（3）.

[20]　张祖荣. 美国存款保险制度及对我国的启示和借鉴 [J]. 浙江金融，2008（4）.

[21]　王晓博. 基于成本收益视角的我国显性存款保险制度有效性分析 [J]. 财经论丛，2008（4）.

[22]　孙亚. 建立我国存款保险制度若干问题的研究 [J]. 现代商业银行导刊，2008（6）.

[23]　毕研鸽. 构建我国存款保险差别费率制度的原因 [J]. 当代经济，2010（14）：34-35.

[24]　王先福. 存款保险运作中的制度成本分析 [J]. 法制与经济（下旬），2013（12）：86-87.

[25]　孙东升. 我国建立存款保险制度的意义及路径选择 [J]. 农村金融研究，2014（4）：9-13.

[26]　公茜. 我国现行存款保险制度问题与探讨 [D]. 济南：山东大学，2015.

[27] 张琳，仝淑娴. 日本存款保险从全额转为限额的启示 [J]. 山东农业工程学院学报，2015，32（6）：66-68.

[28] 鲁莹. 存款保险制度下道德风险的成因及防范机制研究 [D]. 苏州：苏州大学，2015.

[29] 季勇，曹云祥. 国际货币体系演进规律及中国应对策略——基于金融危机的视角 [J]. 现代管理科学，2016（2）：60-62.

[30] 冯剑，童中文. 存款保险制度、市场约束和规模偏好——基于日本银行业2000—2014年数据的实证研究 [J]. 金融论坛，2016，21（4）.

[31] 陈玮玮，崔亮东，王慧. 存款保险制度综合效应分析及建议 [J]. 现代金融，2017（5）：29-31.

[32] 周岩. 存款保险存在的风险分析 [J]. 纳税，2018，12（35）.

[33] 马莉. 中国存款保险制度运作模式与定价机制研究 [D]. 武汉：武汉大学，2018.

[34] 严冬黎. 浅析存款保险制度对我国商业银行的影响及对策 [J]. 现代商业，2018（19）：86-87.

[35] 项后军，张清俊. 存款保险制度是否降低了银行风险：来自中国的经验证据 [J]. 世界经济，2020，43（3）：117-141.

[36] 李庆旗. 完善我国存款保险基金管理机构监管职能的几点思考 [J]. 金融经济，2020（6）：69-72.

[37] 马望凤. 我国建立存款保险制度的难点及对策分析 [J]. 现代经济信息，2020（19）：1-2.

[38] 沈伟. 存款保险制度的功能及其制度设计 [J]. 上海经济研究，2021（6）：74-92.

[39] 何剑，王心怡，郑智勇. 存款保险制度、银行特征与系统性风险 [J]. 金融发展研究，2021（7）：11-17.

[40] 吴静怡. 存款保险制度对于商业银行破产风险影响的实证研究——基于银行规模的视角 [D]. 济南：山东大学，2021.

[41] 吴苏林. 基于农村中小银行视角的我国存款保险制度研究 [D]. 长沙：

湖南大学，2021.

[42] 陈诗怡. 我国现行存款保险制度的运行效果研究 [D]. 福州：福建师范大学，2022.

[43] 霍通，叶育甫，李绍明. 存款保险制度下我国商业银行道德风险防控探析 [J]. 投资与创业，2022（14）：151-153.

[44] 楼丹，王蕊同. 国际上对问题金融机构早期纠正、接管和处置有具体而明确的时限要求 [J]. 中国金融，2022（21）：87-89.

[45] 王星宇. 存款保险制度、银行治理与风险承担效应：来自中国银行北市场的经验证据 [D]. 南昌：江西财经大学，2022.

[46] 刘震，徐宝亮，朱衡. 存款保险制度与银行风险承担——基于风险共担视角的再检验 [J]. 金融理论与实践，2023（3）：92-105.

[47] 马亦明. 存款保险制度对我国商业银行的双重影响及对策研究 [J]. 现代营销（上旬刊），2023（6）：76-78.

[48] 李洋. 从硅谷银行破产看美欧存款保险制度 [J]. 商展经济，2023（17）：86-89.

[49] 李畅. 有关金融监管体制改革的几点思考 [J]. 新理财（政府理财），2023（6）：41-43.

[50] 周臻，刘力源，王先爽. 打破中小银行隐性担保预期的影响——来自包商银行破产事件的证据 [J]. 清华金融评论，2023（7）：109-112.

[51] 高昊宇，黄林蕤，王梓静. 存款保险制度的风险承担效应：基于城商行的实证研究 [J]. 系统工程理论与实践，2023，43（7）：1960-1977.

[52] 池静云. 存款保险早期纠正制度的国际经验与借鉴 [J]. 西部金融，2023（2）：87-97.

[53] 王昱皓. 存款保险对我国商业银行破产风险影响的实证研究——基于银行异质性的视角 [D]. 上海：东华大学，2023.

[54] DIAMOND D，DYBVIG. Bank runs，deposit insurance and liquidity [J]. Journal of Political Economy，1983，91（3）.

[55] DIAMOND D.Finanul intermediation and delegated monitoring [J]. Review

of Economic Studies，1984，51（3）：393-414.

[56]　RIOSVERGARA J E.A System reformed：Mexican banking advances in a climate of change ［J］. Latin Finance，1993（44）.

[57]　DIAMOND D，RAJAN，RAGHURAM G.Liquidity risk，liquidity creation，and financial fragility：a theory of banking ［J］. Journal of Political Economy，1998（109）：287-327.

[58]　CULL R，LEMMA W，SENBET，et al.The effect of deposit insurance on financial depth：a cross-country analysis ［J］. The Quarterly Review of Economics and Finance，2002（42）：673-694.

[59]　ROBERTSON R N. Loss minimisation and the role of the deposit insurer ［C］. A Collection of Papers Presented at the International Forum on Deposit Insurance，2006.

[60]　WU J. Funding a deposit insurance system：the CDIC approach ［C］. A Collection of Papers Presented at the International Forum on Deposit Insurance，2006.

[61]　ZAMORSKI M. The risk-based premium system： issues and opportunities ［C］. A Collection of Papers Presented at the International Forum on Deposit Insurance，2006.

索　引

后 记

经过 3 年多的准备和撰写，我终于完成了这本著作。在本书完成之际，喜悦之情溢于言表，此时的我要特别感谢我的硕士研究生导师贝政新老师，感谢贝老师的热情关怀和悉心指导，师恩如高山巍巍，又似大海浩瀚。在我撰写本书的过程中，贝老师倾注了大量的心血和汗水。无论是在本书的选题和构思方面，还是在研究方法以及定稿方面，我都得到了贝老师悉心的教诲和无私的帮助。特别是他广博的学识、深厚的学术素养、严谨的治学精神和一丝不苟的工作作风，使我受益终身。在此再次向导师致以最诚挚的感谢和最衷心的祝愿。

在本书的写作过程中，也得到了郭福春教授、武飞教授、杨欣教授和王炜教授的帮助和指导，他们在我写作期间提出了许多宝贵的建议，对于本书的顺利完成给予了很大的启发和推动，在此对他们表示感谢。同时，我也要感谢给予我帮助的同事们，尤其是从文兵、王良熠、陈磊，他们在繁杂的工作与本书写作发生冲突时给予我大力支持，让我得以顺利完成本书写作。感谢东北财经大学出版社的支持，他们为本书的出版付出了很多努力。

最后，向所有关心、支持、帮助我的领导、老师、同学和亲友们表示最诚挚的感谢！

胡增芳

2024 年 1 月 15 日